LECCIONES
SOBRE
PROSPERIDAD

CHARLES FILLMORE

Traducción de
Marcela Allen Herrera

WISDOM COLLECTION
PUBLISHING HOUSE

Publicado en Estados Unidos
Wisdom Collection LLC.

www.wisdomcollection.com

Lecciones sobre Prosperidad / ed.revisada
ISBN: 978-1-63934-034-7

Cuando pensamos que el amor de Dios atraerá hacia nosotros la sustancia necesaria para el sustento y el suministro, esa sustancia comienza a acumularse a nuestro alrededor y, al permanecer en la conciencia, comienza a manifestarse en todos nuestros asuntos.

Charles Fillmore

CONTENIDOS

PREFACIO

Es perfectamente lógico suponer que un Creador sabio y competente proveería para todas las necesidades de sus criaturas en sus diversas etapas de crecimiento. El suministro sería proporcionado a medida que se requiriera y de acuerdo al esfuerzo necesario realizado por la criatura para su apropiación. Las necesidades temporales serían satisfechas con cosas temporales, las necesidades mentales con cosas de carácter similar, y las necesidades espirituales con elementos espirituales. Para simplificar la distribución, todo estaría compuesto de una sustancia espiritual primaria, que bajo la dirección adecuada podría transformarse en cualquier producto a voluntad del operador.

Esta es una ilustración cruda, pero verdadera, de los principios subyacentes sobre los cuales es provista la familia humana en esta tierra. El Padre ha provisto una sustancia-semilla universal que responde con poder mágico a la activa mente humana. La fe en la creciente capacidad de esta sustancia-semilla, ya sea envuelta en cáscaras visibles o latente en unidades eléctricas invisibles, siempre recompensa al individuo con los frutos de su trabajo.

Puede parecer que el agricultor obtiene su suministro de las semillas que planta, pero nunca plantaría una semilla si no tuviera fe en su capacidad innata de aumentar, y esa semilla nunca se multiplicaría sin la vivificante vida del Espíritu. Así, vemos que todo aumento de sustancia depende de la vivificante vida del Espíritu, y este hecho nos da la clave para los procesos mentales, los cuales, cuando se utilizan espiritualmente aumentarán enormemente y, al mismo tiempo, simplificarán nuestra apropiación de esa sustancia inagotable que la Mente creadora ha proporcionado tan generosamente.

En las siguientes lecciones hemos intentado explicar la legítima apropiación por parte del individuo de los suministros espiritual y eléctricamente proporcionados por Dios. Cuando comprendamos y ajustemos nuestra mente al reino o esfera donde existen estas ricas ideas y sus formas de pensamiento eléctrico, experimentaremos en nuestros asuntos temporales lo que se llama "prosperidad".

Hemos dicho "sus formas de pensamiento eléctrico". Permíteme explicar que todo proceso creativo implica un reino de ideas y un reino de patrones o expresiones de esas ideas. Los patrones capturan o "embotellan" las unidades eléctricas libres que sustentan lo visible. Por lo tanto, la creación es en sus procesos una trinidad, y detrás del universo visible están tanto la idea creadora original como los rayos cósmicos que se cristalizan en las cosas terrenales. Cuando comprendamos esta trinidad en sus diversas actividades, podremos conciliar los descubrimientos de la ciencia moderna con los fundamentos de la religión.

La ciencia moderna nos enseña que el espacio está fuertemente cargado de energías que podrían transformar la tierra si pudieran ser controladas. Sir Oliver Lodge dijo que tan solo una pulgada cúbica del éter contiene la energía suficiente para hacer funcionar un motor de cuarenta caballos de fuerza durante cuarenta millones de años. La divergencia de opiniones entre los físicos en cuanto a la realidad del éter no anula la existencia de tremendas potencialidades en el espacio. Sir Arthur Eddington dijo que aproximadamente la mitad de los principales físicos afirman que el éter existe y la otra mitad niega su existencia, pero, según sus palabras, "ambas partes quieren decir exactamente lo mismo, y solo están divididas por las palabras"

La comprensión espiritual dice que el éter existe como una emanación de la mente y no debe confundirse en sus limitaciones con la materia. Las mediciones matemáticas aplicadas al éter lo hacen desaparecer porque su realidad está en la mente que lo concibió, y su ser está regido y sostenido por ideas, y las ideas no tienen dimensiones físicas. Por lo tanto, el éter tendrá existencia y depositará materia solo mientras la mente tenga uso para él. Cuando la Mente infinita haya completado los ciclos de la creación, tanto el universo invisible como el visible se enrollarán como un pergamino y desaparecerán y solo permanecerá la Mente. "Y todo el ejército del cielo se disolverá y los cielos se enrollarán como un libro y todo su ejército se desvanecerá".

Ayuda mucho a la estabilidad de la fe cristiana saber que Jesús anticipó los descubrimientos de la ciencia moderna sobre la existencia de ese reino llamado "el éter". Él lo llamó el reino de los cielos y sus ilustraciones de sus posibilidades son insuperables. No dijo que era un lugar que heredarían los buenos después de la muerte, sino un estado que podríamos tener aquí y ahora. "Es el gran placer del Padre darte el reino". Jesús enseñó que podemos incorporar rayos vivificantes en nuestra mente, cuerpo y asuntos a través de la fe. Donde los físicos se limitan a describir la presencia mecánica de la vida como energía, Jesús enseñó a las personas cómo, mediante el ejercicio de su mente, pueden hacer que esa vida les obedezca. En lugar de un universo de fuerzas mecánicas ciegas, Jesús mostró que el universo es influenciado y dirigido por la inteligencia.

Lo que debemos comprender, por encima de todo, es que Dios ha provisto para las necesidades más mínimas de nuestra vida diaria y que si carecemos de algo es porque no hemos utilizado nuestra mente para hacer el contacto correcto con la supermente y el rayo cósmico que fluye automáticamente de ella.

SUSTANCIA ESPIRITUAL

La Mente Divina es la única realidad. Cuando incorporamos en nuestra mente las ideas que forman esta Mente y perseveramos en esas ideas, una poderosa fuerza surge dentro de nosotros. Entonces tenemos una base para el cuerpo espiritual, el cuerpo no hecho con las manos, eterno en los cielos. Cuando el cuerpo espiritual se establece en la conciencia, su fuerza y su poder se transmiten al cuerpo visible y a todas las cosas que tocamos en el mundo que nos rodea.

El discernimiento espiritual revela que ahora estamos en el amanecer de una nueva era, que los viejos métodos de suministro y sustento están desapareciendo rápidamente y que nuevos métodos están esperando ser presentados. En el comercio venidero, las personas no serán esclavas del dinero. Las necesidades diarias de la humanidad serán satisfechas de formas que ahora no se consideran posibles. Serviremos por la alegría de servir, la prosperidad fluirá hacia nosotros y a través de nosotros en corrientes de abundancia. El suministro y el sustento que el amor y el entusiasmo pondrán en marcha, aún no han sido ampliamente utilizados por el individuo, pero aquellos que han probado su poder de provisión, son enérgicos en sus elogios.

El poder dinámico de la supermente en el ser humano, ha sido exhibido esporádicamente por hombres y mujeres de todas las naciones. Generalmente, es relacionado con algún rito religioso en el cual prevalecen el misterio y la autoridad sacerdotal. El llamado "rebaño común" se mantiene en la oscuridad con respecto a la fuente del poder sobrehumano de los adeptos ocultistas y los hombres santos. Pero hemos visto una "gran luz" en el descubrimiento por parte de los científicos físicos, de que el átomo oculta energías electrónicas cuya disposición matemática determina el carácter de todos los elementos fundamentales de la naturaleza. Este descubrimiento ha alterado la ciencia basada en la antigua teoría atómica mecánica, pero también ha dado a los metafísicos cristianos una nueva comprensión de la dinámica detrás del Espíritu.

La ciencia ahora postula el espacio, en lugar de la materia, como fuente de vida. Dice que inclusive el aire está vivo con fuerzas dinámicas que esperan ser captadas y utilizadas por el ser humano, y que estas energías invisibles y omnipresentes poseen potencialidades que van mucho más allá de nuestra concepción más exaltada. Lo que se nos ha enseñado acerca de las glorias del cielo palidece en la insignificancia en comparación con las glorias de los rayos radiantes, popularmente llamados "éter". La ciencia nos dice que hemos utilizado muy poco este poderoso océano de éter para producir la luz y el poder de la electricidad. La fuerza aparentemente tremenda generada por el giro de nuestros dínamos, no es más que un goteo débil de un universo de energía. Las ondas invisibles que transmiten programas de radio en todas partes, no son más que un mero indicio de un poder inteligente que penetra e impregna cada germen de vida, visible e invisible.

Las mentes científicas en todo el mundo, han sido tremendamente conmovidas por estos descubrimientos revolucionarios y no han encontrado un lenguaje adecuado para explicar su magnitud. Aunque los científicos han escrito una gran cantidad de libros, en los que cautelosamente exponen los efectos de gran alcance que inevitablemente seguirán a la apropiación del fácilmente accesible éter por parte del ser humano, ninguno se ha atrevido a contar la historia completa. El hecho es que el mayor descubrimiento de todas las edades es de la ciencia física, de que todas las cosas aparentemente tienen su origen en el éter invisible e intangible. Lo que Jesús enseñó profundamente en símbolos sobre las riquezas del reino de los cielos ahora se ha demostrado que es verdadero.

De acuerdo con el griego —la lengua en la que ha llegado a nosotros el Nuevo Testamento— Jesús no utilizó la palabra cielo sino la palabra cielos en su enseñanza. Él no nos estaba hablando de las glorias de algún lugar lejano llamado "cielo", sino que estaba revelando las propiedades de los "cielos" que nos rodeaban, llamados "espacio" y "éter" por los físicos. Él no solo enseñó su dinámica sino también su carácter inteligente, y dijo que la entidad que lo gobierna está dentro del hombre: "El reino de Dios está dentro de ti". Él no solo describió este reino de los cielos en numerosas parábolas, sino que hizo de su obtención por parte del ser humano, el mayor objetivo de la existencia humana. Él no solo estableció esto como la meta del individuo, sino que él mismo la alcanzó, demostrando así que su enseñanza es práctica y verdadera.

Los científicos nos dicen que el éter está cargado de electricidad, magnetismo, rayos de luz, rayos X, rayos cósmicos y otras radiaciones dinámicas; que es la fuente de toda vida, luz, calor, energía, gravitación, atracción, repulsión; en resumen, que es la esencia interpenetrante de todo lo que existe en la tierra. En otras palabras, la ciencia le da al éter todos los atributos del cielo, sin decirlo directamente. Jesús personificó el tema cuando les dijo a sus seguidores que era el reino desde el cual Dios vestía y alimentaba a todos sus hijos. "Busquen primero el reino y su justicia; y todas estas cosas te serán añadidas". La ciencia dice que las partículas eléctricas que se convierten en luz en la atmósfera de nuestra tierra, también son una fuente de toda sustancia y materia. Jesús dijo que él era la sustancia y el pan que venía de los cielos. ¿Cuándo comenzará nuestra civilización a realmente apropiarse y usar este poderoso océano de sustancia y vida, tanto espiritual como físicamente?

Esta inagotable sustancia mental está disponible en todo momento y en todo lugar para aquellos que han aprendido a sostenerla en la conciencia. La manera más simple, más corta y más directa de hacerlo fue explicada cuando Jesús dijo: "Todo aquel que no dude en su corazón, sino crea que lo que dice va a suceder, lo tendrá". Cuando sabemos que existen ciertas ideas potentes en las expresiones mentales invisibles, denominadas por la ciencia tanto "éter" como "espacio", y que hemos sido provistos de la mente para asirlas, es fácil poner la ley en acción a través del pensamiento, la palabra y la acción.

Shakespeare dijo: "Hay una marea en los asuntos de los hombres que, tomada en pleamar, conduce a la fortuna". Esa marea nos espera en los espacios cósmicos, el paraíso de Dios.

La sustancia espiritual de la cual proviene toda la riqueza visible nunca se agota. Está siempre contigo y responde a tu fe en ella y a tus demandas. No se ve afectada por nuestra ignorante conversación sobre tiempos difíciles, aunque sí nos afecta porque nuestros pensamientos y palabras rigen nuestra demostración. El recurso infalible está siempre dispuesto a dar. No tiene elección en el asunto; debe dar, porque esa es su naturaleza. Vierte tus vívidas palabras de fe en la sustancia omnipresente y prosperarás, aunque todos los bancos del mundo cierren sus puertas. Vuelve la gran energía de tu pensamiento hacia las ideas de "abundancia" y tendrás abundancia, independientemente de lo que digan o hagan las personas a tu alrededor.

Dios es sustancia, pero si con esta declaración estamos diciendo que Dios es materia, una cosa de tiempo o condición, entonces deberíamos decir que Dios es sin-sustancia. Dios no está confinado a esa forma de sustancia que llamamos materia. Dios es la esencia intangible de aquello que el ser humano ha formado y llamado materia. La materia es una limitación mental de esa sustancia divina cuyo carácter vital e inherente se manifiesta en toda expresión de vida.

La sustancia de Dios puede concebirse como energía de Dios, o luz del Espíritu y "Dios dijo que haya luz y hubo luz". Esto está en armonía con las conclusiones de algunos de los físicos más avanzados. Sir James Jeans dijo, en "El Misterioso Universo":

"La tendencia de la física moderna es resolver todo el universo material en ondas, y nada más que ondas. Estas ondas son de dos tipos: ondas embotelladas, que llamamos materia, y ondas no embotelladas, que llamamos radiación, o luz. El proceso de aniquilación de la materia es simplemente el desembotellamiento de las ondas de energía aprisionadas y dejarlas en libertad para viajar por el espacio".

El espíritu no es materia. El espíritu no es una persona. Para percibir la esencia del Ser debemos sacar de nuestra mente todo pensamiento de que Dios está de alguna manera circunscrito o tiene alguna de las limitaciones que asociamos con las cosas o personas que tienen forma y figura. "No te harás imagen, ni ninguna semejanza de lo que esté arriba en el cielo, ni abajo en la tierra" (Éxodo 20:4).

Dios es sustancia, no materia, porque la materia está formada, mientras que Dios es lo sin-forma. La sustancia de Dios subyace a la materia y a la forma. Es la base de toda forma, pero no entra en ninguna forma como finalidad. La sustancia no puede verse, tocarse, saborearse, ni olerse, sin embargo, es más sustancial que la materia, ya que es la única sustancialidad en el universo. Su naturaleza es "sub-estar" o "estar debajo" o detrás de la materia como su soporte y su única realidad. Job dice: "El Todopoderoso será para ti tu oro y tu plata escogida". Esto se refiere a la sustancia universal, porque la plata y el oro son manifestaciones de una sustancia presente en todas partes y se utilizan como símbolos de la misma. Lew Wallace, en "Ben-Hur", se refiere al reino como "oro sólido". Sin duda, en tu propia experiencia has visto esta sustancia omnipresente en tu silencio, cuando parecía como dorados copos de nieve cayendo sobre ti. Esta fue la primera manifestación del desbordamiento de la sustancia universal en tu conciencia.

La sustancia primero recibe forma en la mente y, a medida que se manifiesta, pasa a través de una actividad triple. En la toma de la sustancia en la mente y en su manifestación, desempeñamos un papel muy importante. Lo hacemos según nuestro decreto. "Decidirás algo y se te cumplirá". Siempre estamos decretando, a veces conscientemente, aunque a menudo inconscientemente, y con cada pensamiento y palabra estamos aumentando o disminuyendo la triple actividad de la sustancia. La manifestación resultante se ajusta a nuestro pensamiento: "Como piensa en su corazón, así es él".

No hay escasez del aire que respiras. Hay aire en abundancia, todo el que alguna vez podrías necesitar, pero si cierras tus pulmones y te niegas a respirar, no lo obtendrás y puedes asfixiarte por falta de aire. Cuando reconoces la presencia de la abundancia de aire y abres tus pulmones para respirar profundamente, obtienes una mayor inspiración. Esto es exactamente lo que debes hacer con tu mente con respecto a la sustancia. Hay abundancia de todas las cosas, así como hay abundancia de aire. La única carencia es nuestra propia falta de apropiación. Debemos buscar el reino de Dios y apropiárnoslo correctamente antes de que las cosas se nos añadan en plenitud.

Hay un reino de abundancia de todas las cosas y puede ser encontrado por aquellos que lo buscan y están dispuestos a cumplir con sus leyes. Jesús dijo que es difícil que un rico entre en el reino de los cielos. Esto no significa que sea difícil a causa de su riqueza, pues el pobre no entra más rápido ni más fácil. No es el dinero, sino los pensamientos que la gente tiene sobre el dinero, su origen, su propiedad y su uso, lo que les impide entrar en el reino. Los pensamientos que las personas tienen sobre el dinero son como sus pensamientos sobre todas las posesiones; creen que las cosas que salen de la tierra son suyas para controlarlas y reclamarlas como propiedad individual, y que pueden acumularlas y disponer de ellas, independientemente de lo mucho que otras personas puedan necesitarlas. La misma creencia prevalece entre los ricos y los pobres, e incluso si las dos clases repentinamente cambiaran de lugar, las desigualdades de riqueza no se remediarían. Solo un cambio fundamental en el pensamiento de la riqueza podría hacerlo.

Antes de que se produzca un cambio social o económico fundamental, los seres humanos deben empezar a comprender su relación con Dios y con los demás como herederos comunes del recurso universal, que es suficiente para todos. Deben abandonar algunas de sus ideas erróneas sobre sus "derechos". Deben aprender que no pueden poseer y encerrar lo que pertenece a Dios sin sufrir ellos mismos los efectos de ese secuestro. El pobre no es el que más sufre en esta concentración de la riqueza, porque no ha concentrado su fe en las cosas materiales y no ha encadenado su alma a ellas. Los que son ricos en las cosas de este mundo, por su dependencia de esas cosas, se atan a las cosas materiales y están en la oscuridad material.

Antes de que las personas puedan llegar a la realización del suministro invisible, es necesario desechar todo pensamiento de posesión personal. No pueden poseer dinero, casas o tierras egoístamente, porque no pueden poseer las ideas universales que estos símbolos representan. Ninguna persona puede poseer una idea como propia de forma permanente. Puede poseer su símbolo material durante un tiempo en el plano de los fenómenos, pero son esas riquezas las que "la polilla y el óxido consumen y donde los ladrones entran y roban".

La gente posee como objetos de valor su educación, su oficio, su habilidad o su talento intelectual. Los ministros del evangelio poseen erudición o elocuencia, y se enorgullecen de estas posesiones espirituales. Sin embargo, incluso éstas son cargas que deben ser desechadas antes de que puedan entrar en el reino de los cielos. El santo que se jacta de su santa bondad debe descargar su vanidad antes de entrar. El que tiene la ambición de hacer el bien, de superar a sus semejantes en la justicia, debe perder su ambición y su deseo antes de contemplar el rostro del Padre que todo lo provee.

El reino de las causas puede compararse con el vapor en una caldera de cristal. Si el cristal es transparente, se puede mirar directamente y no ver nada en absoluto. Sin embargo, cuando se toca una válvula de escape, el vapor se precipita, se condensa y se hace visible. Pero en este proceso también ha perdido su poder. La sustancia existe en un reino de ideas y es poderosa cuando la maneja alguien que está familiarizado con sus características. El ignorante abre las válvulas de la mente y deja que las ideas fluyan hacia un reino con el que no tienen nada en común. Las poderosas ideas de la sustancia se condensan en pensamientos de tiempo y espacio, que la ignorancia concibe como necesarios para su realización. Así, su poder se pierde, y se inaugura una fatigosa ronda de tiempo de siembra y cosecha para satisfacer las demandas del mundo.

Es la mente que cree en las posesiones personales la que limita la idea completa. El mundo de Dios es un mundo de resultados que secuencialmente siguen a las demandas. Es en este reino donde el ser humano encuentra su verdadero hogar. El trabajo ha cesado para el que ha encontrado este reino interior. El suministro

Divino se produce sin una lucha laboriosa: desear es tener cumplimiento.

Este es el segundo paso en la demostración para aquel que se ha dedicado completamente a la guía Divina. Inmediatamente entra en experiencias más fáciles y en más felicidad que la que ofrece el mundo, cuando se compromete a seguir solo el bien. Hay un grado avanzado en la misma línea de iniciación en los misterios de lo Divino. Antes de dar este paso, se debe realizar una limpieza mental profunda y exhaustiva. Entonces se despierta un conjunto superior de facultades dentro del cuerpo y se abren nuevas vías de expresión para los poderes del Espíritu, no solo en el cuerpo sino también en los asuntos del individuo. A medida que procede a ejercer estas facultades, puede encontrar algunas de ellas obstruidas por los cristales del pensamiento muerto que algunas ideas egoístas han depositado, lo que le hace pasar por una nueva limpieza. Si es obediente al Espíritu y está dispuesto a seguir sin reparos ni protestas, el camino le resulta fácil. Sin embargo, si cuestiona y discute, al igual que Job, encontrará muchas obstrucciones y su viaje será largo y tedioso.

Asimismo, el que busca el reino de la sustancia por los panes y los peces que puede obtener de ella, seguramente se desilusionará al final. Es posible que obtenga los panes y los peces, pero si en su alma queda algún deseo de utilizarlos para fines egoístas, el resultado final será desastroso.

Muchas personas buscan la ayuda del Espíritu para que les sane de sus males físicos. No tienen ningún deseo de la vida superior, sino que, habiendo encontrado sus lujurias y pasiones restringidas por las enfermedades físicas, quieren que éstas sean borradas para poder continuar en su camino carnal. La experiencia de todos los que han tratado con el Espíritu es que éste es un vigoroso estimulante corporal. Restablece la vitalidad del cuerpo hasta que es aún más sensible al placer o al dolor de lo que era antes de la vivificación espiritual. Esta supersensibilidad lo hace más susceptible y propenso a un derroche más rápido si se satisface una mayor indulgencia. Por eso, los que reciben tratamiento espiritual deben ser plenamente instruidos en la Verdad del Ser. Se les debe mostrar que la indulgencia de las pasiones corporales es un pecado contra su éxito en todos los caminos de la vida y especialmente en el camino de las finanzas y la prosperidad. Si se disipa la sustancia, se empieza a sentir todo tipo de carencia.

El castigo siempre sigue a la indulgencia del apetito y la pasión por la mera sensación. Tanto los pecadores como los santos sufren en este valle de locura. La alternativa es dedicarse a los asuntos del Padre. Haz un pacto definido y detallado con el Padre, pon tus deseos, apetitos y pasiones a sus pies y acepta usar toda tu sustancia de la manera más exaltada. Entonces estarás buscando el reino, y todo lo demás te será añadido.

Queremos que esta sustancia que la fe ha traído a nuestra mente sea duradera y permanente, para que no la perdamos cuando los bancos fallen o el mundo hable de "tiempos difíciles". Debemos tener en nuestras finanzas una conciencia de la permanencia de la sustancia omnipresente que habita en nosotros. Algunas familias ricas logran conservar su riqueza, mientras que otras la disipan en una generación porque no tienen la conciencia de una sustancia permanente. Para muchos de nosotros hay una fiesta o una hambruna en materia de dinero, y necesitamos la conciencia permanente. No hay ninguna razón por la que no podamos tener un flujo continuo de sustancia tanto en los ingresos como en los egresos. Si hemos recibido libremente, también debemos dar libremente y mantener la sustancia fluyendo, confiando en nuestro entendimiento de que nuestro suministro es ilimitado y que siempre está a mano en la mente omnipresente de Dios.

En este entendimiento podemos soportar "las hondas y flechas de la extravagante fortuna", las depresiones, las pérdidas y los fracasos financieros, y seguir viendo a Dios como una sustancia abundante que espera manifestarse. Eso es lo que Pablo quiso decir al tomar "toda la armadura de Dios para que puedas resistir en el día malo". La sustancia que en el pasado se ha manifestado en nuestros asuntos sigue aquí. Es la misma sustancia y no puede ser quitada. Aunque parezca que hay carencia material, hay sustancia de sobra para todos. Estamos en medio de ella. Como el pez, podríamos preguntar: "¿Dónde está el agua?", cuando vivimos y nos movemos y tenemos nuestro ser en ella. Gloriosa sustancia espiritual, está en el agua, en el aire, en todas partes, en abundancia. Toma ese pensamiento y sostenlo. Niégate a ser sacudido de tu posición espiritual en medio de la prosperidad y la abundancia de Dios, y el suministro comenzará a surgir del éter y la abundancia se manifestará cada vez más en tus asuntos.

Jesús estaba tan cargado de sustancia espiritual que cuando la mujer tocó su manto, la virtud sanadora salió de él y ella fue sanada. Había miles de personas en la multitud, pero solo la mujer que tenía fe en esa sustancia la obtuvo. Ya estaba establecida en su conciencia, y sabía que sus necesidades serían satisfechas si podía hacer el contacto. En esto hay una lección para nosotros. Sabemos que la fuerza se manifiesta en todas partes porque lo vemos en el mundo mecánico. Una gran locomotora comienza desde la estación, moviéndose lentamente al principio, pero cuando gana impulso, se acelera por la vía como un rayo. Así sucede con la fuerza espiritual. Comenzando a veces con un pensamiento muy pequeño, toma impulso y, finalmente, se convierte en una idea poderosa. Cada uno de nosotros puede fortalecer su sujeción al pensamiento de la sustancia divina hasta que se convierta en una idea poderosa, llenando la conciencia y manifestándose como abundancia en todos nuestros asuntos.

Una vez que te apoderes de la sustancia con tu mente, hazla permanente y duradera. Realiza tu unidad con ella. Estás unificado con la única sustancia viviente, que es Dios, tu fuente de todo. De esta sustancia fuiste creado; en ella vives, te mueves y tienes tu ser; por ella eres alimentado y prosperado.

La sustancia espiritual es firme e inamovible, duradera. No fluctúa con los informes de mercado. No disminuye en "tiempos difíciles" ni aumenta en los "buenos tiempos". No puede ser acaparada para causar una deficiencia en el suministro y un precio más alto. No se puede agotar en dotaciones para satisfacer las necesidades de la privación. Es siempre la misma, constante, abundante, de libre circulación y disponible. La sustancia espiritual es algo viviente, no una acumulación inanimada de pan que no satisface el hambre o agua que no sacia la sed. Es pan vivo y agua viva, y el que se alimenta de la sustancia de Dios nunca tendrá hambre ni sed. La sustancia es algo permanente, no un depósito bancario que puede ser retirado ni una fortuna que puede perderse. Es un principio infalible que es tan seguro en su funcionamiento como las leyes de las matemáticas. El ser humano no puede separarse de su suministro de sustancia como la vida no puede separarse de su fuente. Así como Dios impregna el universo y la vida impregna cada célula del cuerpo, así la sustancia fluye libremente a través del individuo, libre de todo límite o calificación.

En la nueva era, que ya está en su amanecer, tendremos un espíritu de prosperidad. Este principio de la sustancia universal se conocerá y actuará, y no habrá lugar para la carencia. El suministro será más equilibrado. No habrá millones de fanegas de trigo almacenadas en bodegas mohosas mientras la gente pasa hambre. No habrá sobreproducción ni subconsumo ni otras desigualdades de suministro, porque la sustancia de Dios será reconocida y utilizada por todas las personas. No se acumularán fortunas un día y se perderán al siguiente, pues ya no se temerá la integridad del prójimo ni se tratará de ocultarle la parte que le corresponde.

¿Es una utopía poco práctica? La respuesta depende de ti. Tan pronto como reconozcas individualmente la sustancia omnipresente y pongas tu fe en ella, podrás esperar que otros a tu alrededor hagan lo mismo. "Un poco de levadura fermenta toda la masa", e incluso una sola vida que dé testimonio de la verdad de la ley de la prosperidad despertará la conciencia de toda la comunidad.

Quienquiera que seas y cualquiera que sea tu necesidad inmediata, puedes demostrar la ley. Si tus pensamientos son confusos, quédate quieto y sabrás. Quédate quieto y sabrás que eres Uno con la sustancia y con la ley de su manifestación. Di con convicción:

"Yo Soy la sustancia fuerte e inamovible del Espíritu".

Esto abrirá la puerta de tu mente a una afluencia de ideas llenas de sustancia. Cuando lleguen, utilízalas libremente. No vaciles ni dudes de que darán resultados. Son ideas de Dios dadas a ti en respuesta a tu oración y para suplir tus necesidades. Son sustancia, inteligente, amorosa, deseosas de manifestarse para satisfacer tu necesidad.

Dios es la fuente de una poderosa corriente de sustancia y tú eres un afluente de esa corriente, un canal de expresión. Bendecir la sustancia aumenta su flujo. Si tu suministro de dinero es bajo o tu cartera parece vacía, tómala en tus manos y bendícela. Obsérvala llena de la sustancia viva lista para manifestarse. Mientras preparas tus comidas, bendice la comida con el pensamiento de la sustancia espiritual. Cuando te vistas, bendice tu ropa y reconoce que constantemente estás siendo vestido con la sustancia de Dios. No centres tu pensamiento en ti mismo, en tus intereses, en tus ganancias o pérdidas, sino reconoce la naturaleza universal de la sustancia. Cuanto más consciente seas de la presencia de la sustancia viva, más se manifestará por ti y más rico será el bien común de todos. No aceptes la palabra de nadie, sino prueba la ley por ti mismo. La comprensión de la sustancia por parte de otra persona, no garantizará tu suministro. Debes ser consciente de ella por ti mismo. Identifícate con la sustancia hasta que la hagas tuya; cambiará tus finanzas, destruirá tus miedos, pondrá fin a tus preocupaciones, y pronto empezarás a regocijarte en la omnipresente generosidad de Dios.

Quédate quieto y vuélvete a tu interior hacia la gran fuente. Mira con el ojo de la fe que el mundo entero está lleno de sustancia. Mírala cayendo sobre ti como copos de nieve de oro y plata, y afirma con seguridad:

Jesucristo está ahora aquí elevándome a su conciencia de la sustancia divina omnipresente, que todo lo provee, y mi prosperidad está asegurada.

Tengo una fe ilimitada en la sustancia espiritual omnipresente que aumenta y se multiplica a mi palabra.

LA MENTE ESPIRITUAL

Todo lo que aparece en el universo tuvo su origen en la mente. La mente desarrolla ideas, y las ideas se expresan a través de los pensamientos y las palabras. Al comprender que las ideas tienen una existencia permanente y que desarrollan los pensamientos y las palabras, vemos cuán inútil es cualquier intento de reforma si no se toman en consideración. Esta es la razón por la cual la legislación y las reglas de acción externas son tan débiles y transitorias como reformas.

Las ideas generan corrientes de pensamiento, así como el fuego bajo una caldera genera vapor. La idea es el factor más importante en cada acto y se le debe dar el primer lugar en nuestra atención si queremos obtener algún resultado de carácter permanente. Los individuos formulan pensamientos y los pensamientos mueven el mundo.

Las ideas son centros de conciencia. Tienen un polo positivo y otro negativo y generan pensamientos de todo tipo concebible. El cuerpo de una persona, la salud, la inteligencia, las finanzas, de hecho, todo lo relacionado con ella, se deriva de las ideas a las que presta su atención.

El individuo nunca ha tenido un deseo que no pueda ser satisfecho en algún lugar, en la providencia de Dios. Si esto no fuera cierto, el universo sería débil en su punto más vital. El deseo es el impulso hacia adelante del alma en constante evolución. Se construye desde adentro hacia afuera y lleva consigo su cumplimiento como correlato necesario.

Todo es mente. Entonces, las cosas que aparecen deben ser expresiones de la mente. Por lo tanto, la mente es la realidad, y también aparece como fenómeno. La esencia de la mente no es más que un lado de ella. El ser no se limita al nivel de la esencia; tiene todas las posibilidades, incluida la de salir de sus inherencias al reino de las apariencias. La mente tiene estos dos lados, el ser y la apariencia; lo visible y lo invisible. Decir que la mente es todo y, sin embargo, negar que las cosas tienen un lugar en la totalidad, es decir solo la mitad de la verdad.

Una idea puede ser enunciada como una proposición. La declaración se hace en respuesta al deseo de conocer experimentalmente si la proposición puede ser probada. En el enunciado de una proposición intervienen una serie de elementos que no son parte integrante de la propia proposición, pero que son necesarios para su elaboración. En el problema matemático más sencillo se utilizan procesos que no se conservan una vez resuelto el problema, pero que son necesarios para su solución. Las ecuaciones con las que hemos llegado a la solución se olvidan inmediatamente, pero no se podía prescindir de ellas y les debemos el resultado. El resultado exacto de cada paso de la solución es una cuestión experimental. Los pasos intermedios pueden cambiarse o desecharse muchas veces, pero al final el problema se resuelve y se alcanza el cumplimiento del resultado deseado. Si esto es cierto para el más simple problema de aritmética, es igualmente cierto para la creación del universo. "Como es arriba, es abajo". Aquí es donde muchos, que han captado la vista de la perfección y la totalidad del ideal, fallan en la demostración. Niegan la apariencia porque no expresa la perfección en su totalidad.

Si el estudiante que se encuentra en las profundidades de un problema matemático juzgara de esta manera, borraría todas sus cifras porque la respuesta no es evidente de inmediato, aunque ya haya completado una buena parte del proceso que conduce a la respuesta deseada. No diríamos que es sabio un agricultor que corta su maíz en la borla porque no muestra las espigas maduras. No hay que sacar conclusiones precipitadas. Estudia cuidadosamente una situación en sus diversos aspectos antes de decidir. Considera ambos lados, el visible y el invisible, el interior y el exterior.

El simple hecho de que tengas una condición o mundo ideal en tu mente conlleva la posibilidad de su cumplimiento en la expresión. El ser no puede eludir la expresión. Pensar es expresarte, y tú estás constantemente pensando. Puedes negar que las cosas del mundo exterior tengan existencia, sin embargo, mientras vivas en contacto con ellas, las estás reconociendo. Cuando afirmas el ser y niegas la expresión del ser, eres una "casa dividida contra sí misma".

Todos nos hemos preguntado por qué no comprendemos más verdad de la que conocemos, o por qué es necesario comprenderla en absoluto, ya que Dios es omnisciente y omnipresente. La comprensión es una de las partes esenciales de tu identidad Yo Soy. El ser humano es un punto focal en la conciencia de Dios y expresa a Dios. Por lo tanto, debe comprender los procesos que producen esa expresión. La Mente Infinita está aquí con todas sus ideas como recurso para el individuo, y lo que somos o llegamos a ser es el resultado de nuestros esfuerzos por acumular en nuestra propia conciencia todos los atributos de la Mente infinita.

Hemos aprendido que podemos acumular ideas de poder, fuerza, vida, amor y abundancia. ¿Cómo podemos utilizar estas ideas o llevarlas a la expresión externa sin comprensión? ¿De dónde obtendremos esta comprensión sino de la fuente de todas las ideas, la Mente única?

"Si a alguno de ustedes le falta sabiduría, pídala a Dios, y él se la dará; pues Dios da a todos abundantemente y sin reproche" (Santiago 1:5).

Cuando seguimos los principios de las matemáticas, utilizamos reglas. Hay una regla de adición que debemos observar cuando sumamos; otras reglas que deben seguirse cuando restamos o multiplicamos. Las ideas de la Mente Divina solo pueden expresarse cuando seguimos las reglas o leyes de la mente, y estas reglas requieren comprensión si queremos seguirlas inteligentemente y

21

lograr resultados. Al ser humano se le da todo el poder y la autoridad sobre todas las ideas de la Mente infinita, y la idea de sabiduría es una de ellas.

Estrechamente asociada a la idea de sabiduría en la Mente Divina está la idea de amor. Estas ideas son el polo positivo y el negativo del Principio creador. "Hombre y mujer los creó". Las ideas de la Mente Divina se expresan mediante la conjunción de la sabiduría y el amor. Dios ordenó que estas dos ideas fuesen fructíferas y se multiplicasen y llenaran toda la tierra de pensamientos en expresión. Tenemos acceso al reino divino desde el cual todos los pensamientos se proyectan en el mundo. Constantemente tomamos ideas del mundo espiritual y las formamos en nuestra propia concepción de las cosas que deseamos. A veces el producto final no nos satisface ni nos agrada. Esto se debe a que hemos alejado la idea de sus verdaderos padres, la sabiduría y el amor, y la hemos dejado madurar en una atmósfera de error e ignorancia.

En materia de dinero o riquezas, hemos tomado la idea de la sustancia pura del reino espiritual, luego hemos olvidado la idea de la sustancia y hemos tratado de satisfacerla en una atmósfera de pensamiento material. Era una idea maravillosa, pero cuando la alejamos de sus padres espirituales, la sabiduría y el amor, se convirtió en un niño rebelde y decepcionante. Si acumulas oro y plata sin amor y comprensión de la sustancia, tu depósito no será estable ni permanente. Fluctuará y te causará preocupaciones y penas. Hay muchas personas que "no conocen el valor de un dólar", con las que el dinero va y viene, que son ricas hoy y pobres mañana. No comprenden la sustancia que constituye la realidad subyacente de toda riqueza.

Para tener un suministro adecuado en todo momento, un flujo constante que nunca es demasiado para convertirse en una carga y, sin embargo, siempre suficiente para satisfacer todas las demandas, debemos hacer la unión con el Espíritu que sabe manejar las ideas como sustancia. La gente tiene la idea de que la sustancia material es limitada, y se dedican a competir para tratar de apoderarse del dinero de los demás. La Mente Divina tiene la idea de la sustancia como ilimitada y presente en todas partes, igualmente disponible para todos. Dado que el trabajo del ser humano consiste en expresar las ideas de la sustancia en forma material, debemos encontrar la manera de conectar las ideas de la sustancia con las ideas de la expresión material, ajustar las ideas de la mente humana con las ideas de la Mente Divina. Esto se logra por la fe a través de la oración.

Esa parte del Padre Nuestro, que dice: "Danos hoy nuestro pan de cada día" se traduce más correctamente: "Danos hoy la sustancia del pan de mañana". Mediante la oración acumulamos en nuestra mente ideas de Dios como la sustancia de nuestro suministro y soporte. No hay carencia de esta sustancia en la Mente infinita. Independientemente de la cantidad que Dios dé, siempre queda una abundancia. Dios no nos da cosas materiales, sino la sustancia de la Mente —no dinero, sino ideas—, ideas que ponen en movimiento las fuerzas espirituales para que las cosas empiecen a llegar a nosotros por la aplicación de la ley.

Es posible que soluciones tu problema financiero en tus sueños. Muchos piensan en sus problemas justo antes de irse a dormir y obtienen una solución en sus sueños o inmediatamente después de despertarse. Esto se debe a que sus mentes estaban tan activas en el plano intelectual que no podían hacer contacto con el plano interior silencioso donde trabajan las ideas. Cuando la mente consciente se aquieta y uno hace contacto con la superconsciencia, ésta comienza a mostrarnos cómo se resolverán nuestros asuntos o cómo podemos ayudar a conseguir la prosperidad deseada.

Esta es la ley de la mente. El principio está dentro de cada uno de nosotros, pero debemos estar vivificados espiritualmente en la vida y en el entendimiento antes de que podamos trabajar con éxito de acuerdo con él. Sin embargo, no debemos descartar la comprensión del ser humano natural. La mente que hay en nosotros, que razona y mira el lado físico de las cosas, también tiene la capacidad de mirar hacia adentro. Es la puerta por la que deben entrar las ideas divinas. Jesús, el Hijo del hombre, se llamó a sí mismo "la puerta" y "el camino". Es el plan divino que toda expresión o demostración venga a través de esta puerta de la mente humana. Pero, por encima de todo esto, están las ideas que existen en el estado primordial del Ser, y esta es la verdad de la que debemos ser conscientes. Debemos tomar conciencia de la fuente de nuestra sustancia. Entonces podremos disminuir o aumentar la apariencia de nuestro suministro o de nuestras finanzas, pues su apariencia depende enteramente de nuestra comprensión y manejo de las ideas de la sustancia.

Se acerca el momento en que no tendremos que trabajar por las cosas, por nuestras necesidades físicas en forma de comida y ropa, porque nos llegarán a través de la acumulación de las ideas correctas en nuestra mente. Empezaremos a comprender que la ropa representa una idea de sustancia, el alimento otra, y que cada cosa manifiesta es representativa de una idea.

En el segundo capítulo del Génesis, esta sustancia viviente es llamada "polvo de la tierra", en hebreo, y Adán fue formado de ella. Encontramos que la sustancia elemental está en nuestro cuerpo. El reino de los cielos o el reino de Dios está dentro del ser humano. Es un reino de sustancia y de Mente. Esta Mente compenetra nuestra mente, y nuestra mente compenetra e impregna nuestro cuerpo. Su sustancia impregna cada átomo de nuestro cuerpo ¿Le estás prestando atención o sigues buscando el suministro en fuentes externas? ¿Meditas y rezas para comprender esta sustancia omnipresente? Si lo haces, vendrá y te demostrará la prosperidad. Cuando lo haga, estarás seguro, porque nada podrá quitarte esa verdadera prosperidad. Es la ley que no falla ni puede fallar cuando se pone en funcionamiento de la manera correcta.

Esta ley de prosperidad ha sido probada una y otra vez. Todos aquellos que han prosperado han utilizado la ley, porque no hay otra manera. Tal vez no eran conscientes de seguir métodos espirituales definidos, pero de alguna manera han puesto en funcionamiento la ley y han cosechado el beneficio de su acción infalible. Otros han

25

tenido que luchar para lograr las mismas cosas. Recuerda que Elías tuvo que seguir orando y afirmando durante mucho tiempo antes de demostrar la lluvia. Él envió a su sirviente la primera vez, y no había señales de nubes. Oró y lo envió una y otra vez con el mismo resultado, pero finalmente, después de repetidos esfuerzos, el sirviente dijo que vio una pequeña nube. Entonces Elías les dijo que se prepararan para la lluvia, y llegó la lluvia. Esto muestra una continuidad de esfuerzo que a veces es necesaria. Si tu prosperidad no se manifiesta tan pronto como oras y afirmas a Dios como tu sustancia, tu suministro y tu apoyo, niégate a darte por vencido. Muestra tu fe manteniendo el trabajo. Tienes muchas Escrituras para respaldarte. Jesús lo enseñó desde el principio hasta el final de su ministerio y lo demostró en muchas ocasiones. Muchos han hecho lo mismo en su nombre.

Jesús llevó la atención de sus seguidores hacia el reino interior de la mente, la sustancia del reino de Dios. Señaló que los lirios del campo estaban gloriosamente vestidos, incluso más finos que Salomón en toda su gloria. No tenemos que trabajar laboriosamente en lo externo para lograr lo que el lirio hace tan silenciosa y bellamente. La mayoría de nosotros nos apresuramos tratando de resolver nuestros problemas por nosotros mismos y a nuestra propia manera, con una idea, una visión: la cosa material que buscamos. Necesitamos dedicar más tiempo a la meditación silenciosa y, como los lirios del campo, simplemente ser pacientes y hacer crecer nuestras demostraciones. Debemos recordar siempre que estas ideas de la sustancia, con las que estamos trabajando, son ideas eternas que siempre han existido y continuarán existiendo, las mismas ideas que formaron este planeta en primer lugar y que lo sostienen ahora.

Un gran astrónomo alemán había trabajado la mayor parte de su vida con el deseo de saber más sobre las estrellas. Una noche, de manera bastante repentina y extraña —porque había pensado muy poco en el aspecto espiritual de las cosas— irrumpió en una oración de agradecimiento por el perfecto orden y armonía de los cielos. Su oración fue: "Oh Dios, estoy pensando tus pensamientos contigo". El alma de este hombre había hecho en ese momento el contacto y la unión con la Mente infinita. Pero, aunque este contacto parecía haberse hecho repentinamente, era el resultado de un largo estudio y de la preparación de su mente y su pensamiento. Jesús expresó la misma unión con Dios en el momento de su milagro supremo, la resurrección de Lázaro. Sus palabras fueron: "Padre, te doy gracias porque me has oído. Yo sabía que siempre me oyes". Esto nos da otro lado de la ley de la prosperidad. Abrimos el camino para grandes demostraciones reconociendo la Presencia y alabándola, agradeciendo al Padre por la vivificación espiritual. Vivificamos nuestra vida al afirmar que estamos vivos con la vida del Espíritu; nuestra inteligencia al afirmar nuestra unidad con la inteligencia divina; y vivificamos la sustancia interior que nos compenetra al reconocerla y reclamarla como propia. Debemos meditar en este entendimiento y dar gracias sinceras al Dios de este reino omnipresente de ideas porque podemos pensar sus pensamientos. Podemos agradecer al Padre que sus pensamientos son nuestros pensamientos y que nuestra mente natural está iluminada por el Espíritu. Podemos iluminar nuestra mente en cualquier momento, afirmando este pensamiento: Te agradezco, Padre, que pienso tus pensamientos y porque mi entendimiento está iluminado por el Espíritu.

Los pensamientos espirituales son infinitos en su potencialidad, cada uno medido por la vida, la inteligencia y la sustancia con que se expresa. El pensamiento es puesto en expresión y actividad mediante la palabra. Cada palabra es un pensamiento en actividad, y cuando se pronuncia sale como una fuerza vibratoria que es registrada en la sustancia que proporciona todo.

La vibración más poderosa se establece al pronunciar el nombre de Jesucristo. Este es el nombre que se nombra "muy por encima de toda regla y autoridad", el nombre que está por encima de todos los nombres, que contiene en sí mismo todo el poder en el cielo y en la tierra. Es el nombre que tiene el poder de moldear la sustancia universal. Es uno con la sustancia Padre-Madre, y cuando se pronuncia pone en actividad fuerzas que traen resultados. "Todo lo que pidas al Padre en mi nombre, él te lo dará". "Si pidieren algo en mi nombre, yo lo haré". No podría haber nada más simple, más fácil o más libre de las condiciones para demostrar el suministro. "Hasta ahora (antes de que el nombre de Jesucristo fuera dado al mundo) no han pedido nada en mi nombre; pidan y recibirán, para que su alegría sea completa".

Los dichos de Jesús tenían un poder tremendo debido a su conciencia de Dios. Elevaban el ideal de Dios muy por encima de lo que jamás se había concebido. Estas ideas trascendían tanto el plano de pensamiento de la gente que incluso algunos de los discípulos de Jesús no las aceptaban, y "no andaban más con él". Hasta tiempos bastante recientes, la mayoría no había captado la lección del poder de la palabra hablada que expresa ideas espirituales. Nunca se ha tomado a Jesús al pie de la letra, de lo contrario, se habría tratado de vencer a la muerte cumpliendo sus dichos. Pocos han tomado sus palabras con plena fe, no solo creyéndolas sino saturando de tal manera sus mentes con ellas que se conviertan en carne de su carne y hueso de su hueso, encarnándose en sus mismos cuerpos, como Jesús pretendía.

El secreto de la demostración es concebir lo que es verdad en el Ser y llevar a cabo el concepto en pensamiento, palabra y acto. Si puedo concebir una verdad, debe haber una manera de hacerla visible. Si puedo concebir un suministro inagotable existente en los éteres omnipresentes, entonces hay una forma en que puedo hacer que ese suministro se manifieste. Una vez que tu mente acepta esto como una verdad axiomática, has llegado al lugar donde la cuestión de los procesos comienza a ser considerada.

Nadie puede ver completamente los pasos que debe dar para alcanzar un determinado fin. Puede ver de manera general que debe pasar de un punto a otro, pero no están definidos todos los detalles, a menos que haya pasado por el mismo terreno antes. Así, en la demostración de los poderes espirituales tal como se expresan a través del hombre, debemos estar dispuestos a seguir las indicaciones de alguien que ha demostrado su comprensión de la ley por sus demostraciones.

Todos sabemos intuitivamente que hay algo mal en un mundo donde prevalece la pobreza, y no crearíamos intencionalmente un mundo en el que exista una condición de pobreza. La carencia de cualquier tipo no es posible en todo el universo de Dios. Entonces, cuando hay una apariencia de pobreza en alguna parte, es nuestro deber negarla. El dolor y el sufrimiento acompañan a la pobreza, y deseamos verlos eliminados. Este deseo es un índice que señala el camino hacia su desaparición. A medida que la conciencia del reino de los cielos, con su abundante vida y sustancia, se hace cada vez más común entre las personas, estas condiciones negativas se desvanecerán de la existencia aparente. Jesús dijo que todas las cosas serían añadidas a los que buscan el reino de los cielos. No tenemos que esperar hasta que hayamos entrado completamente en el reino o alcanzado una comprensión completa del Espíritu antes de que la prosperidad comience a manifestarse, pero sí tenemos que buscar, dirigir la atención en esa dirección. Entonces las cosas empiezan a ser añadidas a nosotros. Miles de personas están probando la ley en esta época. Aceptan la promesa de las Escrituras y esperan que Dios supla todas sus necesidades. Al principio de su búsqueda, es posible que tengan poco que los anime a creer que serán provistos o ayudados en alguna línea en particular. Pero llevan a cabo el mandato de buscar y, con fe, actúan como si recibieran, y gradualmente se les abren nuevas formas de ganarse la vida. A veces se les abren caminos a los que son ajenos, pero encuentran una experiencia agradable y se animan a seguir buscando el reino de Dios y a regocijarse en su siempre creciente abundancia.

Muchas de estas personas hoy en día están utilizando sabiamente su talento único. Es posible que no hayan visto el santo de los santos en el santuario interior, pero se están acercando a él. Este es el paso que todos debemos dar: comenzar a buscar este reino de la sustancia de Dios. Confiar en la promesa y ver el resultado en las corrientes mentales que se ponen en movimiento a nuestro alrededor. Tal vez no puedas ver en qué momento comenzó el éxito, o qué palabra concreta de lealtad al Padre surtió efecto primero, pero a medida que pasen las semanas o los meses, observarás muchos cambios que están teniendo lugar en tu mente, tu cuerpo y tus asuntos. Descubrirás que tus ideas se han ampliado enormemente, que tu pequeño mundo limitado se ha transformado en un gran mundo. Encontrarás tu mente más alerta y verás con claridad donde antes dudabas, porque has empezado a pensar en realidades en lugar de pensar en apariencias. La conciencia de una mano omnipotente que guía todos tus asuntos te establecerá en la confianza y la seguridad, que se extenderá al bienestar corporal y al entorno. En ti habrá una disminución o ausencia total de prejuicios y de búsqueda de culpables. Serás más indulgente y generoso, y no juzgarás con dureza. Los demás sentirán que ha habido un cambio en ti y te apreciarán más, demostrándolo de muchas maneras. Las cosas vendrán en tu camino, siendo añadidas a ti de acuerdo con la promesa.

Todo esto es verdad no solo de tus propios asuntos. Los efectos se extienden también a aquellos con quienes entras en contacto. Ellos también se volverán más prósperos y felices. Es posible que ellos de ninguna manera asocien su mejora contigo o con tus pensamientos, pero eso no afecta la verdad al respecto. Todas las causas son esencialmente mentales, y quien entra en contacto diario con un orden de pensamiento elevado, debe tomar algo de él. Las ideas son contagiosas y nadie puede vivir en una atmósfera de pensamiento verdadero, donde se sostienen ideas elevadas, sin inocularse en mayor o menor medida con ellas.

No esperes que se hagan milagros por ti, pero sí espera que la ley con la que te has identificado resuelva tu problema por medio de las posibilidades latentes en ti y a tu alrededor. Sobre todo, sé tú mismo. Deja que el Dios que hay en ti se exprese a través de ti en el mundo exterior. "Ustedes son dioses, son todos hijos del Altísimo".

La idea de Dios abarca una multitud de fuerzas creativas. En este caso estás trabajando para traer prosperidad a tus asuntos. Por lo tanto, debes llenar tu mente con imágenes y pensamientos de un Padre que todo lo provee. Los antiguos hebreos entendían esto. Tenían siete nombres sagrados para Jehová, cada uno de los cuales representaba alguna idea específica de Dios. Utilizaban el nombre Jehovah-Jireh cuando querían concentrarse en el aspecto de la sustancia. Significa

"Jehová proveerá", el poderoso cuya presencia y poder provee, independientemente de cualquier circunstancia opuesta. Para acelerar la conciencia de la presencia de Dios, los hebreos utilizaban el nombre Jehová-Shammah que significa "Jehová está aquí", "el Señor está presente". Reconoce que el Señor está presente como mente creativa, palpitando en el éter como productividad viva. Carga tu mente con declaraciones que expresen la abundancia. Ninguna afirmación particular elevará a alguien de la pobreza a la opulencia, sin embargo, todas las afirmaciones que llevan ideas de abundancia lo conducirán a la conciencia que cumple la ley. Niega que la carencia tenga algún lugar o realidad en tu pensamiento o en tus asuntos y afirma la abundancia como la única apariencia. Agradece lo que tienes, aunque sea poco, e insiste en que crece constantemente.

La concentración diaria de la mente en el Espíritu y sus atributos, revelará que las fuerzas elementales que hacen todas las cosas materiales están aquí, en el éter, esperando nuestro reconocimiento y apropiación. No es necesario conocer todos los detalles de la ley científica para demostrar la prosperidad. Entra en el silencio diariamente a una hora determinada y concéntrate en la sustancia del Espíritu preparada para ti desde la fundación del mundo. Esto abre una corriente de pensamiento que traerá prosperidad a tus asuntos. Un buen pensamiento para sostener en esta meditación es este: "La sustancia invisible es moldeable a mi pensamiento de abundancia, y yo soy rico en mente y en manifestación".

FE EN LA SUSTANCIA INVISIBLE

En esta lección, consideraremos el tema de la fe, especialmente en lo que se refiere a la demostración de la prosperidad. En este estudio, como en todos los demás, debemos comenzar en la Mente única. Dios tuvo fe cuando imaginó al ser humano y al universo, y por medio de su fe hizo surgir todas las cosas a la existencia. El ser humano, siendo como Dios, también debe basar sus creaciones en la fe como único fundamento. Este es nuestro punto de partida para construir una conciencia de prosperidad y hacer nuestro mundo tal y como lo queremos. Todos tenemos fe, porque es innata en cada persona. Nuestra pregunta es cómo podemos ponerla en práctica en nuestros asuntos.

Jesucristo nos dio nuestra mejor comprensión de la fe cuando describió a Pedro como una "roca" y afirmó que su iglesia, la ecclesia o "los elegidos", debía edificarse con esta roca o fe como fundamento seguro. En este sentido, la fe representa la sustancia, el principio subyacente y básico de toda manifestación. "La fe es la certeza de lo que se espera, la convicción de lo que no se ve". (Hebreos 11:1)

Es muy posible poseer una realidad que no puede ser vista, tocada o comprendida por ninguno de los sentidos externos. Es fe cuando somos plenamente conscientes de "las cosas que no se ven" y tenemos la "certeza de las cosas que aún no se ha manifestado". En otras palabras, la fe es esa conciencia en nosotros de la realidad de la sustancia invisible y de los atributos de la mente por los que nos aferramos a ella. Debemos darnos cuenta de que la mente hace las cosas reales. A veces decimos con ligereza, "es solo un pensamiento" o "es solo una simple idea", sin pensar que estos pensamientos e ideas son realidades eternas a partir de las cuales construimos nuestra vida y nuestro mundo.

La fe es el poder de percepción de la mente unido al poder de dar forma a la sustancia. Escuchas de cierta proposición que te atrae y dices: "Tengo fe en esa proposición". Te describen a un hombre cuyo carácter te parece correcto y dices: "Tengo fe en ese hombre". ¿Qué quieres decir con tener fe? Quieres decir que ciertas características de las personas o de las cosas te atraen, y éstas inician inmediatamente un trabajo constructivo en tu mente. ¿Qué es ese trabajo? Es el trabajo de hacer que la proposición o la persona sean reales para tu conciencia. El carácter y los atributos de las cosas en tu mente se vuelven sustanciales para ti debido a tu fe. El oficio de la fe consiste en tomar ideas abstractas y darles una forma definida en la sustancia. Las ideas son abstractas y sin forma para nosotros hasta que se convierten en sustancia, la sustancia de la fe, de las que nos habla Pablo.

Un trabajo muy importante en la cultura del alma es el establecimiento de una sustancia de fe. Una vez que discernimos esta ley de construcción del alma mediante la fe, encontramos las Escrituras hebreas llenas de ilustraciones de la misma. El primer capítulo del Evangelio de Lucas nos dice cómo un ángel les dijo a Elisabet y a Zacarías que tendrían un hijo y que su nombre sería Juan. Zacarías estaba quemando incienso en el altar en el ejercicio de sus deberes como sacerdote. Esto significa que cuando la mente mira hacia el Espíritu, aunque sea de forma ciega, y busca cosas espirituales, se espiritualizará. La quema de incienso tipifica la espiritualización. Zacarías representa las cualidades perceptivas y Elisabet las cualidades receptivas del alma. Cuando estos dos trabajan en conjunto en la oración, la meditación y la aspiración, el alma se abre a los pensamientos superiores o ángeles que traen la promesa de un estado de conciencia nuevo y definido. Zacarías dudaba de la promesa de un hijo porque su esposa había pasado la edad de tener hijos y, debido a sus dudas, quedó mudo. Esto significa que cuando percibimos la Verdad espiritual y dudamos de ella, retrasamos su expresión externa; no puede manifestarse a través de nosotros debido a nuestra duda. Todo el crecimiento es entonces arrojado sobre el alma. Elisabet "se ocultó cinco meses", pero cuando el alma comienza a sentir la presencia del nuevo ego o el nuevo estado de conciencia, entonces volvemos a la expresión de la fe: el habla de Zacarías se restablece.

Lo mismo ocurrió con el nacimiento de Jesús. Primero se hizo una promesa a María, y se le aseguró a José que el niño era el descendiente del Espíritu Santo. Esto representa un paso aún más elevado en la obra de la fe. La aparición de Juan el Bautista es la percepción intelectual de la Verdad. El intelecto primero capta la Verdad. El siguiente paso es el surgimiento de la sustancia y la vida en la subconsciencia. Cuando nos hemos entregado completamente al Espíritu, podemos hacer cosas sin saber exactamente por qué. Esto se debe a que la fe está trabajando en nosotros, y aunque no conozcamos la ley y no podamos explicar la fe a la conciencia exterior, ésta continúa haciendo su trabajo perfecto y eventualmente trae la demostración.

No temas al poder que obra en lo invisible. Cuando tengas una fuerte percepción de algo que tu mente interior te dice que es verdadero y bueno, actúa en consecuencia y tu demostración vendrá. Esa es la forma en que funciona una fe viva, y es la ley de tu palabra creativa.

A la fe también se le puede añadir entendimiento. Invocamos a nuestras facultades espirituales desde nuestra subconsciencia. Cuando Jesús hizo algunas de sus obras más notables, estuvo acompañado por Pedro, Santiago y Juan; Pedro representa la fe, Santiago la sabiduría o el juicio, y Juan el amor. Estas tres facultades, cuando se expresan juntas en la mente, logran aparentes milagros. Has invocado la fe en las cosas espirituales, tienes fe en Dios y has cultivado tu unidad con la Mente única; si entonces usas el juicio espiritual y haces tu trabajo con amor, te has convertido en "un maestro en Israel".

Para comprender la ley a través de la cual ganamos o perdemos en el uso de la sustancia invisible, debemos usar la discriminación o el juicio. Hay una inteligencia siempre presente que nos guía y la cual podemos tomar y hacer nuestra. Es nuestra. Nos pertenece y es nuestro derecho conocerla y utilizarla. Algunos metafísicos piensan erróneamente que deben tener experiencias difíciles para apreciar las mejores cosas de la vida. Piensan que la pobreza es una bendición porque educa a las personas a apreciar la abundancia cuando la obtienen. Dicen que es la voluntad de Dios que tengamos algunos tiempos difíciles y algunos tiempos buenos, banquete y hambruna. Esto no es lógicamente cierto cuando consideras a Dios como un principio. Si piensas en Dios como un hombre que arbitrariamente otorga o retiene mediante el ejercicio de su voluntad personal, puedes llegar a tal conclusión. Pero Dios es inmutable, y si da en un momento, continuará dando eternamente. Su naturaleza es dar, y su naturaleza es eternamente la misma. Cuando hablas de tiempos difíciles, hambrunas, carencia, estás hablando de algo que no tiene lugar en la Mente de Dios. No estás reconociendo a Dios en todos tus caminos, sino que estás reconociendo el error y afirmando que el mundo tiene su fuente en las cosas externas. Debes dar la vuelta y entrar en esta conciencia, que en la Mente, en el Espíritu, hay abundancia.

A menudo nos preguntamos cómo Jesús pudo multiplicar los cinco panes y los dos peces para satisfacer el hambre de cinco mil personas. Lo hizo a través de una profunda comprensión de esta ley. Los cinco panes representan la aplicación de los cinco sentidos a la sustancia divina. Los dos peces representan la levadura o el poder multiplicador puesto en la sustancia, la fuente del aumento.

Se nos dice que, si se permitiera que la levadura de una sola pieza de pan aumentara, llenaría un espacio mayor que este planeta. Esto demuestra que no hay límite al poder de aumento de la sustancia elemental. Nos corresponde utilizarlo como Jesús utilizó este poder. No fue un milagro, sino algo que todos tenemos dentro de nosotros como una capacidad no despierta y que podemos aprender a desarrollar y utilizar como lo hizo Jesús.

Jesús entró en el silencio, oró y bendijo la sustancia que tenía a mano. Si queremos multiplicar y aumentar el poder, la sustancia y la vida que tenemos en nosotros y a nuestro alcance, debemos quedarnos muy quietos y reconocer que nuestro recurso es el Espíritu, que es Dios, y que está aquí en toda su plenitud. Debemos entrar en contacto con él en la fe. Entonces lo encontraremos surgiendo dentro de nosotros. Algunos de ustedes, sin duda, han tenido esa experiencia. Pero si solo dejas que surja sin entenderlo, no obtienes ningún beneficio. Aquí está la clave de esta vida y la sustancia que sientes cuando te sientas en el silencio. Debes comenzar a hablar estas palabras con poder y autoridad.

Cuando hay una creencia mundial en la depresión financiera, la falta de circulación, el estancamiento, las cosas no van como esperamos, y desarrollamos miedo, una creencia en la falta de circulación de dinero. Pero si conocemos la ley, no caemos en este pensamiento de miedo. Muchas personas, ahora mismo, están haciendo dinero; están usando esta ley y aprovechando la oportunidad. Debemos bendecir todo lo que tenemos, porque podemos aumentar y multiplicar lo que tenemos pronunciando palabras. Jesús dijo que sus palabras eran espíritu y vida. ¿Alguna vez pensaste que tu palabra está cargada con una gran fuerza vital espiritual? Lo está. Ten cuidado con tus palabras. Debemos rendir cuentas incluso por la palabra más ligera. Si hablas de la sustancia de forma negativa, tus finanzas se verán disminuidas, pero si hablas de ella de forma apreciativa y amplia, serás prosperado. Si pudiéramos liberar la energía de los átomos de la que nos hablan los científicos, podríamos abastecer al mundo. Este poder está dentro de cada uno de nosotros. Podemos comenzar por liberar las pequeñas ideas que tenemos y hacer que llenen el mundo con pensamientos de abundancia. Debemos darnos cuenta de que todo el poder se nos da en el cielo y en la tierra, como dijo Jesús. Él les dijo a sus discípulos que recibirían poder cuando el Espíritu Santo viniera sobre ellos. Se les dijo que subieran a esa habitación superior, en la coronilla, donde las fuerzas espirituales comienzan la formación de nuevas ideas. Después de entrar en la conciencia espiritual y recibir el avivamiento, pronuncia la palabra con autoridad y poder, concentrando la atención en el centro de poder en la garganta. Nos parece efectivo pronunciar las palabras en voz alta y luego volver al "otro lado" (Galilea), como hacía a menudo Jesús, para descansar y volver a pronunciarlas en silencio. Puedes enviar esta energía vibratoria del Espíritu y romper la inercia causada por los pensamientos de miedo y carencia, abrir caminos, abrir nuevas vías para la demostración de tu bien.

Para hacer surgir estas cualidades espirituales no desarrolladas, primero debemos creer en ellas. "Porque el que se acerca a Dios debe creer que existe". Señor, líbranos de la incredulidad, de apoyarnos en las cosas que vemos, de juzgar según las apariencias.

Puedes conjurar en tu mente mil cosas imaginarias que te parecen reales. Esto muestra que la mente crea formando cosas de acuerdo con sus ideas. El mundo está despertando de una manera maravillosa a la verdad sobre el poder creativo de la mente. En todas partes las personas están estudiando psicología o cultura del alma. La imaginación construye cosas a partir de la sustancia única. Si asocias la fe con ella en su trabajo creativo, las cosas que hagas serán tan reales como las que Dios hace. Cualquier cosa que hagas en la mente y en la que realmente pongas fe se convertirá en algo sustancial. Entonces debes estar constantemente en guardia en cuanto a lo que crees, para que puedas hacer que se manifieste lo que es para tu bien.

¿En qué tienes fe? ¿En las cosas externas? Si es así, estás construyendo sombras sin sustancia, sombras que cesan tan pronto como tu pensamiento de apoyo se retira de ellas, formas que pasarán y no te dejarán nada. Si quieres demostrar la verdadera prosperidad, debes apartarte de las cosas y, como dijo Jesús a sus discípulos, "tener fe en Dios". No tengas fe en nada que no sea Dios, en nada que no sea la Mente única, porque cuando tu fe está centrada en ella, estás construyendo para la eternidad. La mente y las ideas de la Mente nunca pasarán. Nunca habrá un final para Dios. Nunca habrá un final para la Verdad, que es Dios. Nunca habrá un final para la sustancia, que es Dios. Construye con la sustancia divina, cultiva la fe en las realidades y "acumula tesoros en el cielo".

El fundamento de todo trabajo es una idea. La fe es esa cualidad de la mente que hace que la idea se destaque como real, no solo para nosotros sino para los demás. Cuando los demás tienen fe en lo que estás haciendo, fabricando o vendiendo, lo ven como algo real y que vale la pena. Entonces tu éxito y tu prosperidad están asegurados. Solo existe aquello en cuyo devenir realmente visible o valioso tienes una gran fe. Si dices y crees: "Yo tengo fe en la sustancia de Dios que trabaja en mí y a través de mí para aumentar y traer abundancia a mi mundo", tu fe comenzará a trabajar poderosamente en la sustancia de la mente y te hará próspero. Todo lo que pongas en la sustancia junto con la fe se manifestará en tu mundo. Lo hemos visto hacerlo y hemos demostrado la ley demasiadas veces como para tener alguna duda.

Las Escrituras están llenas de ilustraciones de esta actividad de hacer que las cosas sucedan a través de la fe en la sustancia. Los personajes de quienes leemos en las

Escrituras representan ideas llevando adelante su trabajo en las almas humanas. Si pensamos que existieron solo como personas hace miles de años, ponemos nuestra fe miles de años atrás, en lugar de dejar que opere en este momento en nuestros asuntos cotidianos. Para demostrar como lo hizo Jesús, debemos poner nuestra fe en la única sustancia y decir: "Yo tengo fe en Dios". Demostrarás la prosperidad comprendiendo la ley de la prosperidad y teniendo fe en ella, no apelando a la simpatía de los demás, intentando que hagan algo por ti o que te den algo. La fidelidad y la seriedad en la aplicación de la ley de la prosperidad le asegurarán el éxito.

"Toda buena dádiva y don perfecto viene de lo alto, desciende del Padre de las luces, con el cual no hay cambio ni sombra de variación" (Santiago 1:17).

"Reconócelo en todos tus caminos y él dirigirá tus sendas" (Proverbios 3:6).

Reconozcamos que ahora estamos en la presencia misma de la Mente creadora, la Mente que creó el universo y todo lo que hay en él. Esa Mente está aquí y trabaja ahora mismo como lo ha hecho y lo hará siempre. Cuando comprendemos plenamente esto, aumentamos la actividad de esa Mente en nosotros de manera inconmensurable. Debes reconocer que Dios es Espíritu y que el Espíritu es muy real y poderoso, y lejos la cosa más sustancial en todo el mundo.

Puede ser difícil para aquellos que se han apegado a las cosas materiales darse cuenta de que hay una vida real invisible y una sustancia que es mucho más sustancial y real que lo material. Los científicos nos dicen que las fuerzas invisibles tienen un poder que es millones de veces más real y sustancial que todo el mundo material. Cuando leemos declaraciones sobre algunos de los recientes descubrimientos de la ciencia, que todo el mundo acepta y comenta, nos quedamos verdaderamente asombrados. Si tales declaraciones fueran hechas por los religiosos serían calificadas de absurdas e increíbles. Sin embargo, la religión ha hecho las mismas declaraciones en diferentes maneras durante miles de años. Ahora la ciencia está ayudando a la religión al demostrarlas.

Al comparar la sustancia y la materia con respecto a su realidad relativa, un escritor científico dice que, la materia no es más que una grieta en la sustancia universal. Es la sustancia universal la que el ser humano está manejando todo el tiempo con su mente espiritual. A través de sus pensamientos trata con la maravillosa sustancia espiritual, y ésta toma forma en su conciencia de acuerdo con su pensamiento sobre ella. Por eso debemos mantener el pensamiento de la sabiduría y el entendimiento divinos: para que podamos utilizar estos poderes mentales creativos de manera correcta. Los utilizamos todo el tiempo, ya sea consciente o inconscientemente, y debemos usarlos para nuestra ventaja y bendición.

Cada vez que dices: «estoy un poco escaso de fondos», «No tengo tanto dinero como necesito», estás poniendo un límite a la sustancia en tu propia conciencia. ¿Es eso sabiduría? Quieres un suministro mayor, no un suministro limitado de sustancia. Por lo tanto, es importante que vigiles tus pensamientos para que el mayor suministro pueda llegar a tu mente y a tus asuntos. Di a ti mismo:

"Yo soy descendiente de Dios y debo pensar como Dios piensa. Por lo tanto, no puedo pensar en ninguna carencia o limitación".

Es imposible que en esta Mente universal que llena todo, pueda haber algo parecido a la carencia. No hay carencia de nada en ninguna parte en la realidad. La única carencia es el miedo a la carencia en la mente humana. No necesitamos superar ninguna carencia, sino que debemos superar el miedo a la carencia.

Este miedo a la carencia llevó a los individuos a la especulación para acumular sustancia y almacenar una gran cantidad de ella. Esto provocó en los demás un miedo aún mayor a la carencia, y la situación fue empeorando hasta que se llegó a la creencia generalizada de que debemos acumular los símbolos materiales de la sustancia para una posible carencia en el futuro. Hemos probado ese sistema y hemos descubierto que siempre nos falla. Debemos aprender a entender la ley divina de suministro y el plan original, que consiste en que tengamos cada día nuestro pan diario. Eso es todo lo que realmente queremos, solo la cantidad de cosas que necesitamos para el uso de hoy, más la seguridad absoluta de que el suministro para las necesidades de mañana estará allí cuando llegue el día de mañana. Esta seguridad no se puede encontrar acumulando o amontonando, como hemos aprendido por experiencia. Se puede tener si tenemos fe y comprendemos la verdad sobre la sustancia omnipresente y siempre disponible. Cualquier cosa menos que las necesidades de hoy, no es suficiente. Cualquier cosa más de lo que necesitamos hoy es una carga.

Comencemos con la proposición fundamental de que hay abundancia para ti y para mí, y que la sustancia está aquí todo el tiempo, suministrándonos todo lo necesario, según nuestro pensamiento y palabra.

En la mañana, inmediatamente después de despertar, toma un silencioso pensamiento meditativo. Una buena declaración de base para mantener en el silencio es:

"Que las palabras de mi boca

y la meditación de mi corazón

sean aceptables ante tus ojos,

oh Jehová, roca mía y redentor mío".

Piensa en el significado de estas palabras mientras meditas en ellas. Las palabras de tu boca y los pensamientos de tu corazón están ahora y siempre moldeando la sustancia espiritual y trayéndola a la manifestación. No serán aceptables para el Señor a menos que traigan a la manifestación cosas que sean verdaderas, hermosas y totalmente buenas. Después de tu meditación matutina, cuando hayas declarado la omnipresencia y la totalidad del bien, recíbelo como verdadero y anda a las actividades del día con la fe de que todo lo necesario está provisto y que tu bien debe venir.

La tierra y la sustancia omnipresente tienen muchos nombres. Jesucristo lo llamó el reino de los cielos. Moisés en el Génesis lo llamó el Jardín del Edén. La ciencia dice que es el éter. Nosotros vivimos en ello como los peces viven en el mar, y vive en nosotros y nos provee de todas las cosas de acuerdo con nuestros pensamientos. Cuando comiences tu trabajo, haz una pausa y declara: "Pongo a Dios delante de mí este día, para guiarme y defenderme, protegerme y prosperar"; o "El Espíritu del Señor va delante de mí este día y hace que mi camino sea exitoso y próspero". Haz que esta sea tu proclamación del día. Decreta que sea así, y el Señor lo hará realidad. Durante el día, si un pensamiento de carencia o de limitación te molesta por un momento, deséchalo de inmediato con la afirmación: "Jehová es mi pastor; nada me faltará".

Cuando tu mente vuelva al tema de la prosperidad, reconoce más profundamente que tu prosperidad proviene de Dios. Viene contigo de Dios, de tu contacto con la Mente-Dios en tu silencio, y tu prosperidad está justo contigo dondequiera que estés. Puede parecer que el suministro viene a través de canales externos, pero tu verdadero éxito depende de tu dominio interno sobre la comprensión de la prosperidad. Agradece el suministro que llega a través de los canales externos, pero no limites la provisión de Dios a ningún canal. Míralo a él y serás prosperado.

Algunas Oraciones de Prosperidad

Siempre soy provisto porque tengo fe en Ti como mi abundancia omnipresente.

Tengo fe en Ti como mi recurso todopoderoso y confío en Ti para preservar mi prosperidad.

Confío en el Espíritu universal de prosperidad en todos mis asuntos. Acudo a Dios porque creo que él existe y que recompensa a aquellos que le buscan.

EL SER HUMANO: LA ENTRADA Y SALIDA DE LA MENTE DIVINA

Las posesiones del Padre no están en acciones y bonos sino en las posibilidades divinas implantadas en la mente y el alma de cada persona. A través de la mente humana, las ideas son llevadas a la existencia. A través del alma humana, la riqueza del amor de Dios encuentra su expresión.

Se dice que la mente es el crisol en el que lo ideal se transmuta en real. Este proceso de transformación es la química espiritual que debemos aprender antes de estar preparados para trabajar inteligentemente en el gran laboratorio del Padre. Allí no falta material para formar lo que queremos, y todos podemos recurrir a él como fuente según nuestro propósito. La riqueza de la conciencia se expresará en la riqueza de la manifestación.

Quien conoce el Principio tiene cierta seguridad interna que le ha dado la comprensión de la Mente-Dios.

Nuestras afirmaciones tienen el propósito de establecer en nuestra conciencia una amplia comprensión de los principios de los cuales dependen toda la vida y la existencia. Nuestra religión se basa en una ciencia en la que las ideas están relacionadas con el Principio y con otras ideas en una gran Mente universal que trabaja bajo leyes mentales. No es una religión nueva ni una moda religiosa, sino que señala lo real y lo verdadero de cualquier religión. Si conoces el Principio, puedes saber de inmediato si una religión se basa en hechos o tiene una base de ideas hechas por la mente humana.

Para demostrar el Principio, debemos seguir estableciéndonos en ciertas declaraciones de la ley. Cuanto más a menudo presentes a tu mente una proposición que sea lógica y verdadera, más fuerte se volverá para ti ese sentimiento interno de seguridad. La mente humana se construye sobre la Verdad, y cuanto más clara sea tu comprensión de la Verdad, más sustancial será tu mente. Existe una relación definida e íntima entre lo que llamamos Verdad y esta sustancia universal del Ser. Cuando la Mente única es llamada a la acción en tu mente por tu pensamiento sobre ella, se apodera de la sustancia por la ley de atracción o simpatía del pensamiento. Por lo tanto, cuanto más conozcas a Dios, más éxito tendrás en el manejo de tu cuerpo y de todos tus asuntos. Cuanto más conozcas a Dios, más sano serás, y por supuesto, cuanto más sano seas, más feliz, más hermoso y mejor serás en todos los sentidos. Si sabes cómo tomar la sustancia universal y moldearla para tus usos, serás próspero. La sustancia de la mente entra en cada pequeño detalle de tu vida cotidiana, ya sea que comprendas la Verdad o no. Sin embargo, para establecerte en una cierta seguridad en la posesión y el uso de la vida universal, el amor, la inteligencia y la sustancia, debes tener una conciencia de ello, viendo primero mentalmente la Verdad.

Toda acción verdadera está regida por la ley. Nada ocurre por casualidad. No hay milagros. No existe la suerte. Nada viene por casualidad. Todos los acontecimientos son el resultado de una causa y pueden explicarse según la ley de causa y efecto. Esta es una enseñanza que apela a la lógica innata de nuestra mente, pero a veces sentimos que dudamos de ella cuando vemos que suceden cosas que no tienen causa aparente. Estos sucesos que parecen milagrosos están controlados por leyes que aún no hemos aprendido y son el resultado de causas que no hemos podido comprender. El ser humano no manifiesta de acuerdo con la ley, sino de acuerdo con su conocimiento de la ley, y es por eso que debemos tratar de aprender más sobre ella. Dios es ley y Dios es inmutable. Si queremos producir la creación perfecta, debemos ajustarnos a la ley y desplegarnos en nuestra mente, cuerpo y asuntos como se despliega una flor por el principio de la vida, la inteligencia y la sustancia innatas.

El Congreso de los Estados Unidos establece las leyes que rigen los actos de todos los ciudadanos estadounidenses. Los que cumplen las leyes son recompensados con la protección de la ley. El Congreso no se encarga de que los individuos obedezcan las leyes. Eso queda en manos del departamento ejecutivo del gobierno. Lo mismo es cierto de la ley universal. Dios ha dispuesto la ley, pero no nos obliga a seguirla. Tenemos libre albedrío y la forma en que actuamos depende enteramente de nosotros. Cuando conocemos la ley y trabajamos con ella, nos sentimos recompensados por su protección y la utilizamos para nuestro bien. Si infringimos la ley universal, sufrimos limitaciones, al igual que un infractor de la ley que ha sido condenado está limitado a una celda o prisión. El Espíritu Santo es el funcionario ejecutivo a través del cual la Mente Divina hace cumplir sus leyes.

De esta consideración se desprende que Dios ha otorgado el poder de la Mente Divina a cada persona. Estás usando tu organismo, cuerpo, mente y alma, para llevar a cabo una ley que Dios estableció como guía para toda la creación. Si cumples correctamente esta misión, no puedes dejar de obtener los resultados correctos. Si no vives de acuerdo con la ley, bueno, eso es asunto tuyo. Dios no puede ayudar si no estás siguiendo la ley con la que demuestras salud, felicidad, prosperidad y todo el bien. Blackstone dijo que la ley es una regla de acción. Así con la ley de Dios: si sigues las reglas de acción, demostrarás la Verdad. Tendrás todo lo que Dios ha preparado para ti desde la fundación del mundo.

¿Cuáles son las reglas de la ley? Primero, Dios es bueno y todas sus creaciones son buenas. Cuando consigues fijar esto firmemente en tu mente, estás obligado a demostrar el bien y nada más que el bien puede entrar en tu mundo. Si dejas entrar la idea de que existe el mal y que eres tan susceptible al mal como al bien, entonces puedes tener condiciones que se ajusten a tu idea del mal. Pero, recuerda, el mal y las malas condiciones no son reconocidas por la Mente Divina. Si has pensado en el mal como una realidad o que tiene algún poder sobre ti, cambia tu pensamiento de inmediato y comienza a construir células cerebrales buenas que nunca hayan oído hablar de otra cosa que no sea el bien. Reza así:

"Yo Soy un hijo del bien absoluto. Dios es bueno y yo soy bueno. Todo lo que entra en mi vida es bueno y solo tendré el bien".

Establece esta conciencia y solo el bien será atraído hacia ti y tu vida será una alegría perpetua. No puedo decirte por qué esto es cierto, pero sé que lo es y que puedes comprobarlo por ti mismo para tu satisfacción.

Si comienzas ahora mismo con la idea de la bondad universal y eterna en tu mente, solo hablas de lo bueno y ves con el ojo de la mente que todo y todos son buenos, entonces, pronto estarás demostrando todo tipo de bien. Los buenos pensamientos se convertirán en un hábito, y el bien se manifestará en ti. Lo verás en todas partes. Y la gente dirá de ti: "Sé que esa persona es buena y verdadera. Tengo confianza en ella. Me hace sentir la bondad innata de todas las personas". Esa es la forma en que la Mente Única se expresa a través de la persona. Es la ley. Aquellos que viven de acuerdo con la ley, obtendrán los resultados deseados. Aquellos que no lo hagan, obtendrán los resultados opuestos.

La ley también se aplica a nuestras demostraciones de prosperidad. No podemos ser muy felices si somos pobres, y nadie necesita ser pobre. Es un pecado ser pobre. Puedes preguntar si Jesús citó algún ejemplo de que la pobreza es un pecado. Y la respuesta es que sí lo hizo. Lo encontrarás en la historia del hijo pródigo. Es un texto que se utiliza para predicar la moral a los pecadores, pero un estudio detallado del mismo muestra que Jesús estaba enseñando el pecado de la carencia y cómo ganar la abundancia. Es una maravillosa lección de prosperidad. El hijo pródigo tomó su herencia y se fue a un país lejano, donde la gastó en una vida desenfrenada y llegó a la carencia. Cuando regresó a la casa de su padre, no fue acusado de faltas morales, como podríamos esperar. En cambio, el padre dijo: "Pronto, traigan la mejor ropa y vístanlo". Esa fue una lección de buena vestimenta. Es un pecado usar ropa pobre. Para algunos, esto puede parecer una forma bastante sórdida de ver las enseñanzas de Jesús, pero debemos ser honestos. Debemos interpretarla como él la dio, no como nosotros pensamos que debería ser.

El siguiente acto del padre fue poner un anillo de oro en la mano del pródigo, otra evidencia de prosperidad. El deseo del Padre para nosotros es el bien ilimitado, no simplemente los medios para una existencia escasa. El anillo simboliza lo ilimitado, lo que no tiene fin. También representa la omnipresencia y la omnipotencia en el mundo manifiesto. Cuando el padre entregó ese anillo al hijo, le dio la llave de toda la actividad vital. Era el símbolo de su condición de hijo y heredero de todo lo que el padre tenía. "Todo lo mío es tuyo". El Padre nos da todo lo que tiene y lo que es, la omnipotencia, la omnisciencia, todo el amor y toda la sustancia, cuando volvemos a la conciencia de su casa de abundancia.

"Pongan zapatos en sus pies" fue la siguiente orden del padre a los sirvientes. Los pies representan esa parte de nuestro entendimiento que entra en contacto con las condiciones terrenales. En la cabeza o "aposento alto" tenemos la comprensión que entra en contacto con las condiciones espirituales, pero cuando leemos en las Escrituras algo sobre los pies, podemos saber que se refiere a nuestra comprensión de las cosas del mundo material.

Lo siguiente que el padre hizo por su hijo fue proclamar una fiesta para él. Esa no es la forma en que tratamos a los pecadores morales. Les decretamos un castigo, los enviamos a la cárcel. Pero el Padre da un banquete a los que acuden a él en busca de suministro. No reparte solo una ración necesaria, sino que sirve el "becerro engordado", la sustancia y la vida universal en su plenitud y riqueza.

La parábola es una gran lección sobre la prosperidad, ya que nos muestra que las personas que disipan su sustancia en maneras sensoriales son pecadores y finalmente caen en una conciencia de carencia. También demuestra que pueden volver a ser rectos y prósperos volviendo a la mente del Padre. Cuando hay tantas lecciones en la Biblia para delincuentes morales, no hay necesidad de torcer el significado de esta parábola para ese propósito. Es claramente una lección sobre la causa de la carencia y la necesidad. Jesús declara expresamente que el joven derrochó su sustancia en un "país lejano", un lugar donde no se reconocía la ley divina de la abundancia. Existe una relación muy estrecha entre la vida desenfrenada y la carencia. Las personas que desperdician su sustancia en sensaciones llegan a tener carencias tanto físicas como económicas. Si queremos hacer un uso correcto de la sustancia divina y de la ley divina, debemos volver a la conciencia del Padre y conservar nuestra sustancia corporal. Entonces la salud y la prosperidad se manifestarán naturalmente. Si no somos eficaces o seguros en el uso de la única sustancia divina, no estamos asegurados en nada. La sustancia es algo muy importante en nuestro mundo, de hecho, es el fundamento del mismo. Por lo tanto, debemos estar seguros en nuestro conocimiento de ella y utilizarla de acuerdo con la ley de Dios.

Entonces, entremos en la Verdad del Ser y observemos la ley divina. Reconozcamos que nuestro Padre siempre está aquí y que estamos en un "país lejano" solo cuando olvidamos su presencia. Él constantemente nos está dando lo que reconocemos y aceptamos según su ley. Podemos tomar nuestra herencia y separarnos en conciencia del Padre, pero sufriremos los resultados, porque entonces no haremos las cosas en la sabiduría divina y el orden divino, y habrá una "hambruna" en esa tierra. Busquemos más bien la sabiduría divina para saber cómo manejar nuestra sustancia y se nos revelará la ley de la prosperidad. Para llegar a esta comprensión, declara con fe y con toda seguridad: La Mente que todo lo provee es mi recurso, y estoy seguro de mi prosperidad.

Los primitivos no competían por los productos de la naturaleza, podían recoger fácilmente las frutas de los árboles y dormir bajo las ramas. Cuando comenzaron a vivir en cuevas surgieron disputas sobre los mejores lugares, y los más fuertes solían ser los vencedores. "El éxito lleva al éxito". Los que podían tomar lo mejor, lo hacían y probaban la ley de que "al que tiene, se le dará, y tendrá en abundancia". A primera vista parece una ley injusta, pero siempre ha prevalecido en los asuntos del mundo. Jesús, el metafísico más grande, la enseñó como una ley divina y le dio su aclamación. No podría haber hecho otra cosa, porque es una ley justa que cada uno tenga lo que gana, que se premie la laboriosidad, el esfuerzo y la habilidad y se desaliente la pereza.

Esta ley opera en todos los departamentos del ser. Aquellos que buscan las cosas que ofrece el reino material, generalmente las encuentran. Aquellos que se esfuerzan por alcanzar la excelencia moral, generalmente alcanzan ese objetivo. Aquellos que aspiran a recompensas espirituales, también son recompensados. La ley es que obtenemos lo que queremos y por lo que trabajamos, y toda la experiencia y la historia han demostrado que es una buena ley. Si se eliminara esta ley, cesaría el progreso del mundo y la raza se extinguiría. Donde no hay recompensa por el esfuerzo, no habrá esfuerzo y la sociedad degenerará. Podemos hablar sabiamente sobre el impulso interno, pero cuando no tiene un campo externo de acción, eventualmente se desalienta y deja de actuar.

Cuando las personas evolucionan espiritualmente a un cierto punto, abren facultades internas que los conectan con la Mente cósmica y obtienen resultados que a veces son tan sorprendentes que pareciera que hacen milagros. Lo que parece milagroso es la acción de fuerzas en planos de conciencia no comprendidos anteriormente. Cuando una persona libera los poderes de su alma, hace maravillas a la vista de la mente-material, pero no se ha apartado de la ley. Simplemente está funcionando en una conciencia que ha sido manifestada esporádicamente por grandes personajes en todas las edades. El ser humano es más grande que todas las demás creaciones de la Mente-Dios porque tiene la capacidad de percibir y apoderarse de las ideas inherentes a la Mente de Dios y por medio de la fe traerlas a la manifestación. Así, la evolución procede por el hecho de que el ser humano se apodera de las ideas espirituales primordiales y las expresa en su conciencia y a través de ella.

En el ejercicio de su identidad Yo Soy, el ser humano necesita desarrollar ciertas ideas estabilizadoras. Una de ellas es la continuidad o la lealtad a la Verdad. En las Escrituras y en la vida, tenemos muchos ejemplos de cómo el amor se adhiere a aquello a lo que ha fijado su mente. Nada tiende a estabilizar y unificar todas las otras facultades de la mente como el amor. Por eso Jesús dio como el mayor mandamiento que amemos a Dios.

Cuando comienzas a pensar en Dios como la sustancia omnipresente, tu mente no se adherirá continuamente a la idea. Después de un tiempo, dejarás de prestar atención y pensarás: "No tengo suficiente para pagar todas nuestras facturas". Allí has hecho una pausa y has perdido impulso en tu marcha, debes repararlo rápidamente. Afirma: "No voy a ser desviado. Las antiguas ideas son un error y no son nada. No tienen poder sobre mí. Voy a seguir con esta proposición. Dios es amor, la sustancia de mi suministro".

Rut, la mujer Moabita, se apegó tanto a Noemí (pensamiento espiritual) que no quiso dejarla, sino que la acompañó de regreso a Palestina. Fue leal y firme debido a su amor. ¿Cuál fue el resultado de su lealtad? Al principio fue una espigadora; luego se convirtió en la esposa de un hombre muy rico y fue inmortalizada como una de las antecesoras de David. Esta lección de permanecer en nuestros más altos ideales es algo que debemos entender. Nada es tan importante como apegarse al ideal y nunca abandonar el trabajo que nos hemos propuesto lograr. Afirma la ley continuamente y sé leal a ella y serás exitoso en su demostración.

Sin duda, has descubierto que hay una ley espiritual que pone en manifestación los pensamientos en los que concentramos nuestra atención, una ley universal divina de actividad mental que es infalible. Alguna condición adversa de tu propio pensamiento puede que haya impedido una demostración completa. No dejes que esto te desvíe de tu lealtad a la ley. Puede parecer que logras resultados muy lentamente, pero esa es la mejor razón para mantenerse fiel a tu ideal y no dejarlo. Sé leal al Principio y la condición adversa terminará. Entonces vendrá la luz verdadera y la sustancia invisible que has estado afirmando fielmente comenzará a revelarse en toda su plenitud de bien.

Jesús enfatizó la idea de que Dios ha hecho una provisión abundante para todos sus hijos, incluso para las aves del cielo y los lirios del campo. El Señor te ha vestido con la sustancia del alma tan gloriosamente como lo hizo con Salomón. Pero debes tener fe en esta sustancia que provee todo lo bueno y, mediante tu continua imaginación hacer que forme las cosas que deseas. Si eres persistente en trabajar esta idea en tu mente consciente, eventualmente caerá a tu mente subconsciente y continuará trabajando allí donde las cosas toman forma y se manifiestan. Cuando tu subconsciencia se llene de la sustancia invisible, se derramará, por así decirlo, en todos tus asuntos. Te volverás más próspero y exitoso de manera tan gradual, simple y natural que no te darás cuenta de que deriva de una fuente divina y en respuesta a tus oraciones. Sin embargo, debemos darnos cuenta de que cualquier cosa que coloquemos como semilla en el suelo subconsciente, eventualmente producirá según su especie. Debemos ejercer la mayor precaución para no pensar ni hablar de insuficiencia, ni permitir que otros nos hablen de ello. Lo que sembramos en la mente, lo cosechamos en la manifestación.

Algunos de nuestros amigos, sin mala intención, acostumbran a cargarnos con ideas de "tiempos difíciles" que dispersan esta sustancia de prosperidad que hemos acumulado. A veces, tan solo un pensamiento adverso hará que se escape; entonces debemos regresar y remendar el depósito roto de sustancia del pensamiento. Tenemos que sostenerla en nuestra mente en toda su plenitud y no debemos soltarla ni por un minuto para que el trabajo de la demostración no se retrase. Cuando te retires por la noche, deja que tu último pensamiento sea sobre la abundancia de sustancia espiritual. Obsérvala llenar toda la casa y las mentes de todas las personas en la casa. Ese potente pensamiento se hundirá en tu subconsciencia y continuará trabajando ya sea que estés dormido o despierto.

La ley del suministro es una ley divina. Esto significa que es una ley de la mente y debe funcionar a través de la mente. Dios no irá al supermercado y traerá comida a tu mesa. Pero cuando continúas pensando en Dios como tu suministro real, todo en tu mente comienza a despertar y a contactar la sustancia divina, y a medida que la moldeas en tu conciencia, comienzan a surgir ideas que te conectarán con la manifestación visible. Primero obtienes las ideas en la conciencia directamente de su fuente divina, y luego comienzas a demostrarlo en lo externo. Es una ley exacta y es científica e infalible. "Primero la hoja, luego la espiga y después el grano maduro en la espiga" (Marcos 4:28).

Cuando trabajas en armonía con esta ley universal, todo lo necesario se suministra abundantemente. Tu parte es simplemente cumplir la ley, es decir, mantener tu mente llena de sustancia mental, almacenar sustancia espiritual hasta que la mente esté llena de ella y no pueda evitar manifestarse en tus asuntos en obediencia a la ley. "Al que tenga, se le dará". Pero no estás cumpliendo con la ley cuando permites que los agobiados pensamientos de pobreza habiten en tu mente. Ellos atraen otros pensamientos similares, y tu conciencia no tendrá lugar para la verdad de que la prosperidad es para ti. Pobreza o prosperidad, todo depende de ti. Todo lo que el Padre tiene es tuyo, pero solo tú eres responsable de la relación del bien del Padre con tu vida. A través del reconocimiento consciente de tu unidad con el Padre y su abundancia, atraes la sustancia viva al suministro visible.

No dudes en pensar que la prosperidad es para ti. No te sientas indigno. Destierra todos los pensamientos de ser un mártir de la pobreza. Nadie disfruta de la pobreza, pero algunas personas parecen disfrutar de la simpatía y la compasión que pueden despertar a causa de ella. Supera cualquier inclinación en esa dirección y toda idea de que estás destinado a ser pobre. Nadie está sin esperanza hasta que se resigna a su destino imaginado. Piensa en la prosperidad, habla de la prosperidad, no en términos generales sino específicos, no como algo para el otro sino como un derecho propio. Niega toda apariencia de fracaso. Mantente firme y afirma el suministro, el apoyo y el éxito en la cara de los cuestionamientos y las dudas, luego da las gracias por la abundancia en todos tus asuntos, sabiendo con certeza que tu bien se está cumpliendo ahora en espíritu, en mente y en manifestación.

Tratamiento de Prosperidad

Basado en el Vigésimo Tercer Salmo
(Revisado)

El Señor es mi banquero; mi crédito es bueno.

Él me hace descansar en la conciencia de la abundancia omnipresente;

Él me da la llave de su caja fuerte.

Él restaura mi fe en sus riquezas.

Él me guía por los senderos de la prosperidad por amor a su santo nombre.

Sí, aunque camine en la sombra misma de las deudas, no temeré el mal, porque tú estás conmigo; tu plata y tu oro me aseguran.

Tú preparaste un camino para mí en presencia del recaudador.

Tú llenas mi cartera de abundancia; mi medida se desborda.

Ciertamente, la bondad y la abundancia me seguirán todos los días de mi vida, y haré negocios en el nombre del Señor por siempre.

LA LEY QUE GOBIERNA LA MANIFESTACIÓN DEL SUMINISTRO

Se puede decir con seguridad que todas las personas se esfuerzan por cumplir la ley de su ser, pero pocas han comprendido la ley. Esta ley es una de las cosas más importantes que podemos estudiar, porque solo cuando llegamos a comprenderla, y en la medida en que la comprendemos, podremos cumplir con sus exigencias y demostrar nuestras posibilidades divinas a través de ella.

Al leer las Escrituras, gradualmente elevamos nuestra conciencia sobre ellas como simple historia y comenzamos a aprehenderlas como el establecimiento del principio o la ley de la vida. Encontramos que los grandes personajes bíblicos encajan en el patrón de nuestra propia conciencia, donde representan ideas. Esto hace que la Biblia sea un Libro Divino de la Vida y no simplemente la historia de un pueblo. La idea de la ley está simbolizada por Moisés. En nuestra conciencia individual

63

él es la negación, el lado negativo de la ley que precede a su expresión afirmativa. Moisés dio la ley como "No harás". Jesús representa la ley en su expresión afirmativa "Amarás al Señor tu Dios".

Moisés no pudo entrar en la Tierra Prometida, el estado de conciencia cuatridimensional, porque allí no puede haber negación. Josué, cuyo nombre tiene el mismo significado que el de Jesús, entró en la Tierra Prometida y abrió el camino a los Hijos de Israel. Él representa el primer paso en la mente hacia esa plena conciencia de la omnipresencia y la omnipotencia de Dios que se alcanzó en Jesucristo. Moisés fue el legislador y Jesucristo, según sus propias palabras, fue el cumplimiento de la ley.

Debemos comenzar a ver este mundo cuatridimensional dentro, con su capacidad innata para todas las cosas. Todo está justo aquí, todo lo que alguna vez fue o podría ser, simplemente esperando ser llevado a la manifestación. El Señor ha preparado un gran festín y nos ha invitado a todos a él, tal y como explicó Jesús en una parábola. Tenemos aquí mismo, dentro y a nuestro alrededor, esta sustancia lista para que nos la apropiemos o la comamos. Comer es el símbolo externo de la apropiación mental. Comenzamos a partir el pan partiendo la sustancia de la mente, abundantemente provista en todas partes.

Hemos descubierto que hay dentro de nosotros una fuerza vital que puede ser acelerada en una mayor actividad por el pensamiento. Todos en algún momento han demostrado que pueden superar la condición negativa de debilidad, sosteniendo el pensamiento de fortaleza. A veces, la fortaleza sigue al pensamiento inmediatamente, otras veces el pensamiento debe mantenerse de manera persistente durante días o semanas. Al demostrar la ley de la abundancia omnipresente, debemos esperar los mismos resultados. Si la demostración parece lenta, la paciencia y la persistencia ganarán. Eso puede deberse a que la conciencia de pobreza tiene un agarre tenaz y requiere un esfuerzo para deshacerse de ella.

Hay una ley que gobierna la manifestación del suministro y podemos aprender esa ley y aplicarla mediante la determinación mental y la fe en las secuencias lógicas de las realidades espirituales. Hemos pensado que las leyes de Dios eran misteriosas y sagradas, muy alejadas del individuo común, y que era mejor intentar primero aprender las leyes de la alimentación, de la medicina, de otras mil cosas secundarias. Un estricto metafísico considera todas estas leyes temporales como secundarias a la única ley de Dios. Se nos dice que esta ley debe estar escrita en nuestro corazón, en nuestro interior. Entonces, hay algo dentro de nosotros que responde naturalmente a la ley de Dios. Si aceptamos esto como verdad, que conocemos la única ley por una inteligencia interior y que todas las demás leyes son secundarias a ella, estamos en condiciones de obtener resultados, de demostrar prosperidad.

En el mundo natural que nos rodea vemos que todo se rige por una ley. Se nos dice que todo el reino animal se guía por el instinto. Se han propuesto muchas teorías para explicar el instinto en términos de pensamiento material. Algunos filósofos han afirmado que es algo que se transmite de una generación a otra, incorporado en las células germinales. Sea esto cierto o no, todo indica que existe una ley dentro o alrededor de las células que controla su formación y duplica el patrón establecido hace siglos en la madre Eva y el padre Adán. Esta es la ley escrita en nuestro interior; lo cual no es una figura retórica sino un hecho reconocido. Debemos mirar adentro para la ley y no afuera. Las leyes que encontramos en el exterior son las leyes secundarias. La Mente Creativa Infinita nos ha dado a cada uno de nosotros una clave para el funcionamiento de esta infalible ley interior. Consiste en que todo lo que tocamos mental o físicamente representa la sustancia y que solo está limitada por nosotros mismos en nuestra capacidad de pensamiento. No podemos pedirle a Dios más sustancia, porque el universo está lleno de ella. Podemos y debemos pedirle comprensión para apoderarnos de ella con nuestra mente, es decir, un aumento de nuestra capacidad. Detrás de la sustancia está la idea de sustancia, y el individuo se relaciona con el lado de la causa de esta idea a través de su unidad con Dios.

Es posible que pienses que podrías vivir mejor y hacer más bien si tuvieras mucho dinero. Las cosas no serían ni un poco mejor para ti si tuvieras un millón de dólares, a menos que también tuvieras la comprensión de usarlo para el bien de ti mismo y de los demás. ¿Le darías a un niño un millón de dólares para que se comprara caramelos y helados? Debemos evolucionar con nuestras posesiones hasta que tengamos la capacidad de manejarlas. Entonces se cumple la ley. El suministro se desarrolla al mismo ritmo que se desarrolla la necesidad o la capacidad de utilizar la sustancia. Comprendamos esta ley de desarrollo de la sustancia y ocupémonos de cumplirla en nosotros mismos, desarrollando nuestra comprensión y apreciación de ella. Debemos rezar por lo que necesitemos o podamos manejar cada día. "Danos hoy nuestro pan de cada día" es una oración que se ajusta a la ley divina y se responde a sí misma.

La Mente Infinita tiene una forma lícita de proporcionar a sus hijos el suministro para todas sus necesidades. Nada se deja al azar. Dios alimenta a los pájaros del cielo y viste los lirios del campo, y él nos alimentará y vestirá a menos que lo hagamos imposible por nuestra negativa a aceptar su generosidad. Pablo dijo que el cumplimiento de la ley es el amor. Eso es exactamente lo que debemos hacer, amar al Señor y amar a nuestro prójimo como a nosotros mismos, y amar nuestro trabajo. La ley está ahí, en nuestro interior, en nuestro corazón. Sabemos lo que debemos hacer. No tenemos que rezar, ni rogar para que Dios nos dé algo. Todo lo que tenemos que hacer es meditar en silencio y afirmar la presencia y el poder del gran Dador de todo, y luego aceptar los dones. Ser fiel a la ley es dejar de mirar hacia afuera y mirar hacia adentro para obtener el suministro. Mirar hacia adentro significa fijar la mente en Dios como un Espíritu siempre presente que también es sustancia y poder. Dentro de cada uno de nosotros hay una gran riqueza de pensamientos. Estos pensamientos están prisioneros en el subconsciente, esperando ser liberados para ir a trabajar para nosotros. Están esperando

la llegada del Hijo de Dios, quien libera a los prisioneros
y a los cautivos. Este Hijo ahora está buscando expresión
en ti; eres tú. Libera tus ricos pensamientos, libera tus
poderes innatos, y toma lo que quieras de la rica sustancia
del Padre.

A través de la fe en el poder vencedor de Jesucristo, la
mente sensorial será vencida y la mente espiritual tomará
el control de tu vida y tus asuntos. La mente sensorial está
llena de carencias y limitaciones; la mente espiritual solo
conoce la abundancia ilimitada. Tú estás vinculado con la
mente espiritual universal a través de la Mente Crística.
Es a través de la Mente Crística que todas las cosas
vienen a ti; es el canal para la mente total del Padre. Haz
la unidad de la totalidad con la Mente Crística. Afirma
que eres un maestro con el Maestro, uno con la sustancia
que provee todo y que tu prosperidad se desborda.
Cuando comiences este proceso de unificación consciente
con la vida interior y la sustancia, ésta comenzará a brotar
dentro de ti y a desbordarse en tus asuntos, de modo que
serás próspero. Permanece fiel a esta vida interior sin
importar la apariencia exterior, y no podrás evitar que las
cosas buenas de la vida se manifiesten.

De acuerdo con los hallazgos de la ciencia física
moderna, toda sustancia manifiesta fluye desde un reino
de ondas de luz. Santiago dice: "Toda buena dádiva y
todo don perfecto viene de lo alto, desciende del Padre de
las luces". Esta es una declaración exacta de una ley
científica, incluso en el uso de la forma plural de la
palabra "luces", porque, como afirma la ciencia, una o
más partículas de luz, electrones, forman el átomo que es

la base de toda manifestación material. Entonces, las ideas de Dios son la fuente de todo lo que aparece. Acepta esto como una verdad absoluta, una verdad que todo lo produce, y conecta conscientemente tu mente con la Mente-Padre. En consecuencia, comenzarás a hacer realidad una prosperidad inagotable que proviene del propio Ser.

El filósofo y poeta alemán Goethe dijo: "Lo más elevado y excelente del ser humano no tiene forma, y debemos evitar darle forma con algo que no sea una vestimenta noble". Esto es un reconocimiento de la verdad de que el ser humano tiene dentro de sí mismo la capacidad para dar forma a la sustancia sin-forma. Jesús expresó la ley diciendo: "Todo lo que ates en la tierra será atado en el cielo; y todo lo que desates en la tierra será desatado en el cielo". Este cielo es el reino de las ideas puras en la Mente. Constantemente estamos incorporando estas ideas en nuestra mente y dándoles forma y figura, de acuerdo con nuestra lealtad a la Verdad.

Para todo metafísico este es un proceso muy importante y muy delicado, porque a través de esto desarrollamos nuestra alma. Este desarrollo del alma a menudo se compara con el proceso de revelado de una placa fotográfica. En primer lugar, la luz pone la imagen en la sensible placa o, como dice Santiago, es un don del "Padre de las luces". Entonces, hay una imagen en la placa, pero es invisible y no manifiesta hasta que pasa por un proceso de revelado. La Mente Infinita ha plasmado todos sus atributos en el alma de cada persona. Pero cada persona debe revelar esta imagen hasta convertirla en una fotografía clara, y gran parte de ese trabajo debe realizarse en la oscuridad, con una fe perfecta en la ley de la manifestación. El fotógrafo trabaja en el cuarto oscuro, sometiendo la placa a muchos procesos. A veces, el revelador puede cometer un error en algunas de las operaciones y la placa saldrá con una imagen imperfecta. Así también sucede con la manifestación humana, a veces parece distorsionada, pero la imagen de perfección impresa por la Mente creadora está allí. Esta imagen perfecta es "Cristo en ti, la esperanza de gloria".

Nuestro cuerpo y nuestros asuntos son las primeras pruebas del proceso de revelado de la imagen, por lo que en nuestra mente flotan las ideas más elevadas, la verdadera imagen a desarrollar. Nuestra mente está más o menos involucrada en un proceso químico. Es difícil encontrar una línea de demarcación entre la química física y la mental, ya que siguen la misma ley. Ahora bien, lo que te has imaginado puede salir a la luz con el método adecuado de desarrollo. Cualquier cosa que te imagines haciendo, la puedes hacer.

En nuestra comprensión humana hemos separado este poder imaginativo de la mente del poder de ejecución. Ahora vamos a juntarlos y unificarlos, porque cuando la imaginación y la voluntad trabajan en conjunto, todas las cosas son posibles. La voluntad está simbolizada en las Escrituras por el rey. El rey Salomón fue probablemente el hombre más rico del mundo y, en lo que respecta al mundo, fue muy exitoso. Él demostró prosperidad. No le pidió riquezas a Dios. Observemos esto con atención. Le pidió a Dios sabiduría, ideas. Dios es mente y sus dones no son materiales sino espirituales, no son cosas sino ideas. Salomón pidió y recibió las ideas, y luego las desarrolló él mismo. Ya que era sabio, todo el mundo acudía a su corte buscando sabiduría y trayendo riquezas a cambio de ello. El Rey de Tiro le trajo el material que necesitaba para construir el Templo. La reina de Saba le trajo grandes cantidades de oro. De esto debemos aprender: hay que pedirle a Dios ideas ricas (sustancia) y luego ponerlas en práctica en nuestros asuntos.

No dudes en utilizar las ideas divinas que te llegan, pero no olvides su fuente o fundación. Hay muchas personas que ejecutan muy activamente. En el momento en que tienen una idea, la utilizan, pero a menudo no llegan muy lejos porque olvidan los cimientos sobre los que descansan esas ideas y de las cuales debemos comenzar a construir. Con una base de Verdad, de ideas espirituales y sustancia, podemos construir una estructura de prosperidad perdurable. No se basará en una premisa falsa. Se mantendrá cuando caigan las lluvias y lleguen las inundaciones y los vientos soplen y golpeen sobre ella. No deseamos prosperidad hoy y pobreza mañana. Debemos buscar la comprensión constante, día a día, de un suministro abundante.

Jesús entendió y utilizó esta ley de formar la sustancia sin-forma por el poder de la imaginación y la voluntad. Cuando la mujer tocó el dobladillo de su manto, parte de esta sustancia, de la cual él era vívidamente consciente, salió de él y la sanó. Él inmediatamente comentó que alguien lo había tocado. Muchos lo habían tocado entre la multitud y ninguna sustancia había abandonado su cuerpo desde esos contactos, pero la mujer de fe estaba abierta para recibir la sustancia sanadora y conscientemente apropiarse de ella. Esto probó su fe, y Jesús le dijo que fuera en paz porque su fe la había sanado. La misma sustancia estaba disponible para otros que se amontonaban contra él, pero sólo quien la reconoció y se apoderó de ella, la recibió. Y así, tú y yo no recibiremos ningún beneficio, aunque la sustancia está en todas partes a nuestro alrededor y en nosotros, a menos que reconozcamos su presencia por la fe y la sostengamos por el dobladillo de su vestimenta (expresión exterior).

Jesús reconoció la omnipresencia de la sustancia cuando se apoderó de ella para multiplicar los panes y los peces. Él habitaba en una conciencia de ello en todo momento. Una vez les dijo a los apóstoles cuando le pidieron que comiera, "yo tengo para comer una comida que ustedes no conocen". Él construyó esta sustancia divina en su cuerpo, célula por célula, reemplazando la carne mortal con la sustancia espiritual, hasta que todo su cuerpo fue inmortalizado. Él lo demostró y nos dijo cómo se hizo. Él dijo: "El que en mí cree, las obras que yo hago, él las hará también; y mayores obras que estas hará él". Entonces, ¿por qué hay tantas personas pobres, afligidas, enfermas o con problemas? Hay un camino, una ley y una sabiduría para aplicar la ley, y hay abundancia de sustancia esperando a ser formada por cada uno de nosotros en cualquier cosa que queramos, cuando aplicamos esa ley como un hijo de Dios.

Existe una facultad inherente que instintivamente establece lo que llama propio. Incluso a los niños pequeños les gusta tener sus propios juguetes y mantenerlos separados de los de otros niños. No hay nada que condenar en esto, porque es la manifestación natural de una ley divina. Demuestra que sabemos, en algún lugar de nuestro ser más profundo, que hemos sido provistos desde la fundación del mundo y que, sin duda, tenemos derecho a nuestra propia porción. El poder de la mente para atraer hacia nosotros aquellas cosas a las que divinamente tenemos derecho, es un poder que puede cultivarse y así debería hacerse.

Estamos ahora al borde de un nuevo estado mental en asuntos financieros. Eliminemos la idea errónea de que los hombres deben ser pobres para ser virtuosos. El dinero es el instrumento del hombre, no su maestro. El dinero se hizo para el hombre, no el hombre para el dinero. Sólo aquellos que ponen el dinero por encima del hombre y le dan poder en sus mentes al adorarlo, son los hombres "ricos" a quienes Jesús se refirió en su historia acerca del camello y el ojo de la aguja. No es el dinero lo que controla a los hombres, sino las ideas que tienen sobre el dinero. Las ideas de pobreza son tan poderosas para esclavizar a los hombres como lo son las ideas de riqueza. A cada hombre se le debe enseñar a manejar ideas, en lugar de dinero, para que le sirvan en lugar de tener dominio sobre él.

Algunos científicos físicos nos dicen que se está acercando el tiempo en el que los hombres fabricarán del éter, justo a la mano, todo lo que necesitan o desean. El hombre no tendrá que esperar la siembra y la cosecha cuando aprenda a usar el poder de su mente. Cuando tenemos esa conciencia en la que nuestras ideas son tangibles, todas nuestras demandas se cumplirán rápidamente por la ley superior. Pone en tus ideas toda la vida y el poder de tu pensamiento concentrado, y ellas serán vestidas de realidad.

Cuando Jesús entró en el desierto de sus (entonces) poderes mentales aun no probados, fue tentado de convertir las piedras en pan. Todos hemos tenido esta tentación, y la mayoría de nosotros hemos sucumbido a ella. Sacamos nuestro pan de las cosas materiales (piedras) en lugar de las palabras que salen de la boca de Dios. Es la palabra, la idea, la que alimenta el alma del hombre. Eso es admitido. Pero debemos darnos cuenta de que es la palabra, la idea, la que también alimenta el cuerpo y los asuntos del hombre, porque a menos que la palabra sea reconocida y apropiada, hay una falta de la sustancia verdadera y no hay satisfacción en la comida. Afortunadamente, el "Padre sabe que tenemos necesidad de todas estas cosas", y en su compasión y misericordia él nos alimenta con la sustancia, incluso cuando todavía tratamos de asimilar las piedras. Si buscamos primero el reino de Dios, la sustancia, las "cosas" serán añadidas y deberíamos disfrutar conscientemente la plenitud de la vida, la abundante vida de Cristo Jesús.

Hay una ley universal de aumento. No se limita a las cuentas bancarias, sino que opera en todos los planos de manifestación. La cooperación consciente del hombre es necesaria para los resultados más completos en el funcionamiento de esta ley. Debes usar tu talento, cualquiera que sea, para aumentarlo. Ten fe en la ley. No razones demasiado, sino que avanza con fe y audacia. Si te permites pensar en cualquier persona o en cualquier condición externa como obstáculo para tu aumento, esto se convierte en un obstáculo para ti, porque has aplicado la ley del aumento a eso. El temor a ello puede hacer que te vuelvas tímido y entierres tu talento, lo que infringe la ley. Mantén la vista puesta en la abundante realidad interior y no permitas que la apariencia externa te haga titubear.

No te estudies demasiado a ti mismo ni a tu condición actual. Habitar mentalmente en tus aparentes limitaciones sólo prolonga su estadía y hace que tu progreso sea lento. Un niño pierde de vista todo menos su aumento de tamaño. El niño se ve a sí mismo como un niño más grande, incluso como un hombre. Es la mente infantil la que encuentra el reino. Entonces, mira al hombre perfecto que debes ser en el Espíritu y mírate como el hijo amado en quien el Padre se complace.

Dios da el aumento, se nos dice en las Escrituras. Esto debe ser recordado, porque a menudo pensamos que el aumento es el resultado de nuestros esfuerzos personales. El aumento viene por la operación de una ley universal, y nuestra parte es cumplir esa ley. Usa el talento de la vida y se expandirá maravillosamente. Haces esto hablando de la vida, elogiándola y dándole gracias a Dios por ella. Actúa como si estuvieras vivo y feliz de estar vivo y obtendrás una nueva realización de la vida, un aumento en la vida misma.

Nunca te permitas estar bajo el control del hombre "No puedo". Él cree en las limitaciones, envuelve su talento en ellas y las esconde en la tierra negativa, y ningún aumento es posible para él. Sé positivo en Espíritu y tendrás éxito. Todos los talentos negativos que están enterrados en las profundidades del pensamiento material pueden ser resucitados por el Espíritu y hacerlos positivos, puestos al uso correcto, contribuyendo al aumento de tu bien. El apetito y la pasión, que son decrecientes y destructivos en lo material, pueden hacerse crecientes y constructivos cuando se dirigen a las cosas del Espíritu. "Bienaventurados los que tienen hambre y sed de justicia, porque ellos serán saciados".

Si hay alguna aparente carencia en el mundo del hombre es porque no se han cumplido los requisitos de la ley de la manifestación. Esta ley se basa en la mente y su funcionamiento es a través de pensamientos y palabras. La clave del funcionamiento de la mente está expresada simbólicamente en el relato de Génesis de los seis días de la creación. La mente del hombre sigue los mismos pasos para llevar una idea a la manifestación. Entre la percepción de una idea y su manifestación hay seis movimientos definidos y positivos, seguidos de un séptimo "día" de descanso, en el que la mente se relaja y ve su trabajo en proceso de realización.

Al producir una manifestación de la abundante provisión de Dios, da el primer paso diciendo: "Hágase la luz"; es decir, que haya comprensión. Debes tener una clara percepción del principio de la proposición "Dios proveerá". La única sustancia universal y eterna de Dios, que es la fuente de todo, debe ser discernida y se debe confiar en ella y, por otra parte, la dependencia de las cosas materiales debe ser eliminada del pensamiento. Mientras dependas únicamente del dinero, estás adorando a un dios falso y no has discernido la luz. Primero debes comprender que Dios, omnipresente, omnipotente y omnisciente, es la fuente y que puedes recurrir a esta fuente sin límites. Si has establecido esa luz, has comenzado tu demostración y puedes ir al segundo paso. Se debe establecer un "firmamento"; es decir, un lugar firme en la mente, una división entre lo verdadero y lo aparente. Esto se hace a través de la afirmación. Al afirmar a Dios como tu suministro y apoyo, tus palabras a su debido tiempo se convertirán en sustancia para ti, la sustancia de la fe.

El tercer paso es la formación de esta sustancia en tangibilidad. "Deja que aparezca la tierra seca". De la sustancia omnipresente, tu mente forma lo que quiera con el poder de la imaginación. Si es comida lo que necesitas, obsérvate como generosamente provisto de comida. Si ya has dado los otros pasos, puedes imaginar las cosas que deseas y traerlas a tu mundo manifiesto. Si los otros pasos de entendimiento y fe no se han tomado primero, por supuesto no habrá demostración, ya que, sobre todo, la ley creativa es ordenada y funciona por pasos progresivos. Muchas personas han tratado de demostrar mediante la visualización y la concentración y han fallado porque han dado el tercer paso primero. No han desarrollado comprensión o fe. Si trabajas de acuerdo con la ley, conforme a su ordenada operación tal como se revela en los grados de la creación, no puedes fallar, porque cuando has cumplido la ley has encontrado el reino. Jesús reconoció el orden como un factor fundamental en la ley del aumento. Cuando alimentó a la multitud, él los hizo sentarse en compañía. Si estudias detenidamente la historia, verás que hubo una gran cantidad de preparación preliminar antes de que se realizara la demostración. Hubo un reconocimiento de las ideas de semilla, los panes y los peces llevados por el niño pequeño. Hubo una oración de agradecimiento por ese suministro y luego fue bendecido. Todo esto precedió a la aparición y apropiación real del suministro. Cada demostración se basa en la misma ley de aumento y pasa por los mismos pasos ordenados.

Ora, pero que tu oración sea afirmativa, porque esa es la oración de fe. Una oración suplicante llena de incertidumbre es una oración de duda. Sigue orando hasta que las afirmaciones se conviertan en un hábito mental. El pensamiento de carencia de la raza, debe ser penetrado y tan cargado con la verdad de la abundancia omnipresente de Dios que toda conciencia de carencia y pobreza desaparezca de la faz de la tierra. Mientras más confiemos en la simplicidad y la infalibilidad de la ley, mejor será nuestra demostración individual y más contribuiremos a la transformación del pensamiento de la raza que causa carencia y hambruna. Los que hacen las mayores demostraciones espirituales no son los sabios del mundo, sino los hijos obedientes de la ley en el seno del amor infinito.

Observa lo que necesitas como ya manifestado y como tuyo. No lo pospongas en un futuro incierto. Dios quiere que lo tengas ahora. Recuerda siempre la omnipresencia de Dios, y si entran dudas, no las entretengas. Di: "Yo confío en la omnipotencia". "Yo me niego a preocuparme por el mañana o incluso por el próximo minuto. Sé que Dios provee para el cumplimiento de su idea divina, y yo soy esa idea divina". Esta idea divina es el hijo, el hombre perfecto, el Cristo, manifestado en el sexto día. Si quieres tener tu herencia, no debes omitir este reconocimiento del sexto día. Dios se expresa como hombre y trabaja a través del hombre para llevar la perfección a la expresión.

Renunciar a toda ansiedad y confiar en el Señor no significa sentarse y no hacer nada. "Mi Padre trabaja hasta ahora, y yo también trabajo". Debemos trabajar como Dios trabaja; para trabajar con Dios, como un hijo sigue la ocupación de su padre. Debemos formar lo que Dios ha creado. En el primer capítulo de Génesis vemos cómo trabaja el Padre. Los diversos pasos de su método están claramente señalados, y sólo obtendremos resultados cuando los sigamos fielmente.

Algunas personas piensan en la prosperidad como algo separado de su experiencia espiritual, "fuera" de la religión. Ellos viven en dos mundos: en uno durante seis días de la semana cuando el hombre ejecuta las cosas, y en el otro en el séptimo día cuando Dios tiene la oportunidad de mostrar lo que puede hacer. Es la demostración de la personalidad cuando las personas se encuentran quejándose de los tiempos difíciles y la depresión, pero no es la manera de demostrar a Dios en la plenitud de todas las cosas. Hace todas las cosas para la gloria de Dios siete días a la semana en lugar de uno. Toma a Dios en todos tus asuntos. Usa este pensamiento en el silencio y trae a Dios y su ley de prosperidad a tus asuntos: Yo confío en su ley universal de prosperidad en todos mis asuntos.

LA ABUNDANCIA DE LA MENTE SE EXPRESA EN RIQUEZAS

Según el diccionario Webster, la prosperidad es un avance o ganancia en algo bueno o deseable, un progreso exitoso hacia un objeto deseado o la obtención del mismo. La prosperidad no significa lo mismo para dos personas. Para el asalariado, un aumento de unos pocos dólares en el ingreso semanal puede parecer una maravillosa prosperidad, ya que significa un aumento en la comodidad y el bienestar de su familia. Quien se dedica a grandes empresas considera la prosperidad en términos más amplios y no se considera próspero a menos que las cosas le lleguen a lo grande. Entre estos dos extremos hay muchas ideas de prosperidad, lo que muestra claramente que la prosperidad no está en la posesión de cosas, sino en el reconocimiento del suministro y en el conocimiento del acceso libre y abierto a un almacén inagotable de todo lo que es bueno o deseable.

En la gran Mente de Dios no hay ningún pensamiento de carencia, y tal pensamiento no tiene ningún lugar legítimo en tu mente. Es tu derecho ser próspero, sin importar quién seas o dónde te encuentres.

Jesús les dijo a todas las personas: "Busquen primero su reino y su justicia; y todas estas cosas les serán añadidas". Esto no significa que si perteneces a una determinada iglesia vas a prosperar, porque la "justicia" no es ajustarse a una creencia religiosa particular, sino a la ley del pensamiento correcto, independientemente del credo, el dogma o la forma religiosa. Entra en el pensamiento de prosperidad y demostrarás prosperidad. Cultiva el hábito de pensar en la abundancia presente en todas partes, no solo en las formas de la imaginación, sino en las formas externas. Jesús no hizo una separación entre las dos como si estuvieran en enemistad. Él dijo: "Dar, pues, al César lo que es del César; y a Dios lo que es de Dios". Pongan las cosas en su relación correcta, lo espiritual primero y lo material después, cada uno donde pertenece, y den a cada uno lo suyo.

En primer lugar, debes reconocer que la prosperidad no es completamente una cuestión de capital o de entorno, sino una condición provocada por ciertas ideas que se les ha permitido gobernar en la conciencia. Cuando se cambian estas ideas, las condiciones cambian a pesar del entorno y de todas las apariencias, las cuales también deben cambiar para ajustarse a las nuevas ideas. Las personas que se enriquecen repentinamente, sin desarrollar una conciencia de prosperidad, pronto se separan de su dinero. Aquellos que han nacido y se han criado en la riqueza suelen tener abundancia toda su vida, aunque nunca se esfuercen por ganar un dólar por sí mismos. Esto se debe a que las ideas de la abundancia están tan entrelazadas en su atmósfera de pensamiento que son una parte de ellos mismos. Tienen la conciencia de prosperidad, en la que no existe la idea de ninguna condición en la que puedan faltar las necesidades de la vida.

A veces nos preguntan si somos partidarios de la acumulación de riquezas. No. La acumulación de riquezas, como se ha explicado, es inútil a menos que sea el resultado de una conciencia rica. Abogamos más bien por la acumulación de ideas ricas, ideas que sean útiles, constructivas y que sirvan para el bienestar de toda la humanidad. La manifestación externa de la riqueza puede seguir o no, pero el suministro de todas las necesidades se producirá porque quien tiene ideas ricas tiene confianza en un poder que proporciona todo y que nunca falla. Puede que no tenga un dólar extra, pero sus ideas tienen mérito y tiene confianza, una combinación que no puede dejar de atraer el dinero para llevarlo adelante. Esta es la verdadera riqueza, no una acumulación de dinero, sino el acceso a un recurso inagotable que se puede utilizar en cualquier momento para satisfacer cualquier demanda justa. Cuando una persona tiene esta conciencia de riqueza, no hay necesidad de acumular oro o acumular acciones y bonos u otras propiedades para asegurar el suministro futuro. Tal persona puede ser muy generosa con su riqueza sin temor a que se agote, porque sus ricas ideas lo mantendrán en constante contacto con la abundancia. Aquellos que tienen el pensamiento de acumular riqueza material, un pensamiento que es dominante en el mundo de hoy, están desequilibrados. Tienen miedo a la pérdida de las riquezas, lo que hace que su posesión sea insegura. Su prosperidad se basa en una idea equivocada de la fuente de riqueza y finalmente significa un desastre. El pecado de las riquezas no está en la posesión, sino en el amor al dinero, un egoísmo material que conduce a la inanición del alma.

No es un crimen ser rico ni una virtud ser pobre, como quieren hacernos creer algunos reformistas. El pecado radica en acumular la riqueza y evitar que circule libremente a todos los que la necesitan. Aquellos que invierten la riqueza en trabajos útiles que contribuyen al bienestar de las masas son la salvación del país. Afortunadamente, hay muchos en este país que tienen la conciencia de prosperidad. Si todos tuviéramos conciencia de pobreza, las hambrunas serían tan comunes aquí como en la India o en China. Millones de personas en esos países están atrapadas en el perpetuo pensamiento de pobreza y sufren carencias en todas sus formas, desde la cuna hasta la tumba. La carga del pensamiento de pobreza reacciona sobre la tierra, de manera que año tras año retiene sus productos y muchas personas mueren de hambre.

La Mente Universal controla toda la naturaleza y está en posesión de todos sus productos. "La tierra es del Señor y todo lo que está en ella", esto es una gran Verdad. El pequeño ser individual utiliza toda su habilidad para controlar los productos de la naturaleza, pero siempre es derrotado. Solo el ser universal del Espíritu está en posesión indiscutible, y a él le dice el Padre: "Todo lo mío es tuyo". Jesús no tenía título de propiedad de ningún centímetro de tierra y, evidentemente, no tenía dinero porque los discípulos llevaban los fondos que tenía la comitiva. Él ni siquiera cargó con una tinaja, como lo hizo Diógenes, y "no tenía dónde recostar su cabeza". Sin embargo, siempre fue provisto con el mejor entretenimiento. Él dio por hecho que todo lo que necesitaba era suyo. Los peces eran llevados a su cartera y los éteres invisibles proporcionaban lo necesario para repartir comida para miles de personas. Él era rico en todos los sentidos porque tenía la conciencia de prosperidad y demostró que la tierra con toda su plenitud le pertenece al Señor, cuyos hijos justos son herederos y poseedores de todas las cosas.

El pensamiento ansioso debe ser eliminado y se debe asumir la perfecta despreocupación del hijo de la naturaleza, y cuando a esta actitud se añade la comprensión de los recursos ilimitados, se ha cumplido la ley divina de la prosperidad.

La imaginación es un maravilloso poder creativo. Construye todas las cosas a partir de la sustancia única. Cuando la asocias con la fe, haces que las cosas sean tan reales como las que hace Dios, porque el ser humano es un cocreador con Dios. Cualquier cosa que formes en la mente y en la que tengas fe se convertirá en algo sustancial. Entonces, debes tener cuidado en qué pones tu fe. Si es en formas materiales, en sombras que dejan de existir tan pronto como tu pensamiento de apoyo se retira de ellas, entonces estás construyendo una sustancia temporal que pasará y no te dejará nada. Pon tu fe en lo real o, como Jesús les dijo a sus discípulos, "ten fe en Dios".

La verdadera búsqueda de todas las personas es la de Dios. Pueden pensar que están buscando otras cosas, pero finalmente deben admitir que es a Dios a quien buscan. Una vez que han sentido su presencia en su interior, son muy conscientes de que solo Dios puede satisfacer. El lugar donde nos encontramos con Dios debe ser tan seguro y tan puro que nunca podamos confundir su voz ni ocultarnos de su rostro. Este lugar lo conocemos como la mente, lo más recóndito del alma, el reino de los cielos dentro de nosotros.

Sin embargo, no es suficiente sentarse y tener pensamientos de abundancia sin más esfuerzo. Eso es limitar la ley solo al pensamiento, y queremos que también se cumpla en la manifestación. Cultivar ideas de abundancia es el primer paso en el proceso. Las ideas que vienen deben ser utilizadas. Debes estar atento y hacer todo lo que venga a ti para hacer, alegre y competente en la acción, seguro de los resultados, ya que es el segundo paso en el cumplimiento de la ley.

Puedes hacer cualquier cosa con los pensamientos de tu mente. Son tuyos y están bajo tu control. Puedes dirigirlos, reprimirlos, silenciarlos o aplastarlos. Puedes disolver un pensamiento y poner otro en su lugar. No hay otro lugar en el universo donde seas el amo absoluto. El dominio que se te ha dado como tu derecho divino está solamente sobre tus propios pensamientos. Cuando comprendas plenamente esto y comiences a ejercer el dominio que Dios te ha dado, empezarás a encontrar el camino hacia Dios, la única puerta hacia Dios, la puerta de la mente y el pensamiento.

Si tienes miedo de que no sean provistas las necesidades de la vida mañana, la próxima semana, el próximo año, o en tu vejez, o que tus hijos pasen necesidades, niega ese pensamiento. No te permitas ni por un momento pensar en algo que pueda estar fuera del ámbito del Bien todo-cuidadoso, que proporciona todo. Sabes, incluso por tu propia experiencia externa, que el universo es autosuficiente y que su equilibrio está establecido por la ley. La misma ley que sostiene todo te sostiene a ti como una parte. Reclama tu identidad bajo esa ley, tu unidad con el todo, y descansa en los brazos eternos de la Causa, que no conoce la carencia. Si te encuentras en una condición de pobreza, esta actitud mental atraerá hacia ti oportunidades para mejorar tu condición. Aísla tu mente de los pensamientos destructivos de todos aquellos que trabajan bajo la creencia en tiempos difíciles. Si quienes te rodean hablan sobre la limitación financiera, afirma de manera más persistente tu dependencia en la abundancia de Dios.

Al hacer esto, te pones bajo una ley divina de oferta y demanda que nunca está influenciada por las fluctuaciones del mercado o las opiniones de la gente. Cada vez que envías un pensamiento de fe incondicional a la parte Yo Soy de ti mismo, pones en movimiento una cadena de causas que debe traer los resultados que buscas. Pide todo lo que quieras en el nombre de Cristo, el Yo

Soy, lo divino que está dentro, y tus demandas se cumplirán; tanto el cielo como la tierra se apresurarán a cumplir tus órdenes. Pero, cuando hayas pedido algo, debes estar atento para recibirlo cuando llegue. La gente se queja de que sus oraciones no son respondidas, sin embargo, la verdad es que no están despiertos para recibir la respuesta cuando llega. Si pides dinero, no esperes que venga un ángel de los cielos y te lo traiga en una bandeja de oro, sino mantén los ojos abiertos para una nueva oportunidad de ganar dinero, una oportunidad que llegará tan seguramente como que vives.

Estos son algunos pasos tangibles en el camino hacia la manifestación más grande que deseas. A nadie se le entregan las llaves del almacén de la riqueza del Padre hasta que haya demostrado su fe y su confianza. Solo entonces podrá entrar y disponer de los bienes libremente. Si los individuos del mundo, con sus ideas egoístas de "lo mío y lo tuyo" tuvieran el poder de producir instantáneamente lo que deseen, sin una limpieza mental exhaustiva, indudablemente ejercerían aún mayores opresiones sobre sus semejantes y las condiciones existentes no mejorarían.

Un albañil ve un bloque de mármol como tantas horas de trabajo, mientras que Miguel Ángel lo ve como un ángel que tiene el privilegio de crear. Esta es la diferencia entre aquellos que ven el mundo material como una gran cantidad de materia y aquellos que lo miran con los ojos de la mente y la imaginación que trabaja hacia la perfección. Quien pinta un cuadro o hace una escultura, primero lo ve en su mente. Primero lo imagina o hace una imagen de ello. Si quiere una imagen fuerte, hace que la fuerza sea uno de los elementos de su imagen. Si quiere belleza y carácter, le pone amor. Es posible que no vea la imagen perfecta hasta que se combinen todos estos elementos, y entonces no requiere más que un pequeño esfuerzo para transferirla de su mente al lienzo o al mármol.

En el sexto día de la creación, se nos dice que Dios "imaginó" a su hombre, lo hizo a su imagen y semejanza. Esto no significa que Dios se parezca al hombre, un ser personal con forma de hombre. Hacemos una cosa a nuestra propia imagen, la imagen que tenemos en mente de ese objeto, y nuestra creación no se parece a nosotros de ninguna manera. Dios no tiene forma, porque es Espíritu. Dios es una idea que el ser humano ha tratado de representar de diversas formas. Él es la sustancia universal, la vida que anima la sustancia y el amor que la une. El ser humano naturalmente da alguna forma a cada idea que tiene, incluso a la idea de Dios, porque la facultad formativa de la mente está siempre en funcionamiento, ya sea que estemos despiertos o dormidos. Obtenemos material para formar imágenes mentales desde afuera y desde adentro.

Este poder imaginativo o formativo de la mente no podría hacer nada si no tuviera la sustancia con la que formarlo. No se podría hacer una barra de pan si no se tiene la harina y los demás ingredientes. Sin embargo, con todos los ingredientes a mano, uno no podría hacer un pan a menos que tuviera el poder de imaginar el pan en la mente. Esto parece sencillo, pero el hecho es que el poder para formar la barra de pan es menos común que el material disponible para la misma. La harina y el agua son abundantes, pero solo ciertas personas pueden usarlos de la manera correcta para formar una barra de pan apetitosa. Lo mismo ocurre con el tema de la prosperidad. La sustancia está en todas partes, llenando todo el universo. No hay ninguna carencia. Si no hemos tenido éxito en formarla en las cosas que hemos necesitado y deseado, no es debido a la falta de sustancia, sino a la falta de comprensión de cómo utilizar nuestro poder de imaginación.

El mundo atraviesa períodos de aparente carencia porque las personas se han negado a construir su prosperidad basándose en la sustancia interna, omnipresente y duradera, por el contrario, han tratado de basarla en la sustancia que ven en el exterior. Esta sustancia externa, formada por el poder imaginativo de los individuos en épocas pasadas, parece ser limitada y las personas luchan por ella, olvidando su propio poder divino para formar su propia sustancia a partir del suministro ilimitado en su interior. La lección para todos nosotros debería ser construir nuestra prosperidad en la sustancia interna.

Aquellos que demuestran prosperidad a través de la ley humana no tienen nada permanente. Todas sus posesiones pueden ser barridas en un momento. No han construido sobre la ordenada ley de Dios, y sin los ricos pensamientos de la abundancia de Dios nadie puede tener una conciencia de suministro perdurable.

LECCIÓN 6

Ninguna enfermedad, pobreza o cualquier otra
condición negativa puede ingresar a nuestro dominio a
menos que la invitemos. Tampoco puede permanecer con
nosotros a menos que la sostengamos. El poder
consciente sobre todas estas condiciones es uno de
nuestros mayores placeres y una parte de nuestra herencia
divina, pero debemos aprender la ley y aplicar el poder de
la manera correcta.

Las personas tienen conciencia de carencia porque
dejan que Satanás, la serpiente de los sentidos, los tiente.
El Jardín del Edén está dentro de nosotros aquí y ahora, y
la sutil tentación de comer del árbol de los sentidos
también está todavía con nosotros. Se nos ha dado el
dominio sobre las fuerzas animales del cuerpo, las
"bestias del campo" y debemos domarlas, haciéndolas
sirvientas en lugar de dueñas del cuerpo. En lugar de
alimentarlas, debemos hacer que ellas nos alimenten a
nosotros. Cuando vencemos a los animales en el interior,
será fácil adiestrarlos en el exterior. Esta verdad de la
conquista se enseña a través de las Escrituras y podemos
demostrarlo en nuestra vida, porque Dios nos ha dotado
con el poder de la conquista. Debemos asirnos de ese
poder inherente y comenzar a usarlo constructivamente.

Toda la familia humana parece estar trastornada por la
sensación. Todos nuestros problemas económicos y
sociales se remontan al egoísmo del ser de los sentidos.
Nunca podremos vencer estas condiciones en el exterior
hasta que superemos sus causas en el interior de nuestra
alma. De seguro, se repetirán las guerras y la paz, la
abundancia y el hambre, los buenos tiempos y las

depresiones, hasta que le quitemos el control de la mente al ser de los sentidos y se lo demos al ser espiritual. Sabemos que existe un ser espiritual y esperamos su venida de forma ideal, pero nunca vendrá hasta que nosotros lo traigamos. Esperamos y rezamos por la llegada de cosas mejores; pero como dijo Mark Twain sobre el clima, "nadie hace nada al respecto". Nosotros podemos hacer algo con respecto a este asunto del autocontrol, y cada uno de nosotros debe hacerlo si alguna vez queremos mejorar nuestra condición física y financieramente, así como moral y espiritualmente. Debemos levantar esta serpiente de los sentidos, así como Moisés levantó la serpiente en el desierto y controlarla en el nombre de Cristo.

Elimina todas las ideas negativas que vienen a tu mente. Sin embargo, no pases todo tu tiempo en negaciones, sino dedica gran parte a la clara comprensión de la sustancia y vida omnipresente y en espera. En cierto modo, algunos de nosotros hemos heredado los "tiempos difíciles" al entretener el pensamiento racial tan prevaleciente a nuestro alrededor. No te permitas hacer esto. Recuerda tu identidad, que eres un hijo de Dios y que tu herencia proviene de él. Eres el heredero de todo lo que tiene el Padre. Deja que el Yo Soy te salve de cada pensamiento negativo. Las flechas que vuelan durante el día y la peste que amenaza son estos pensamientos negativos de la raza en la atmósfera mental. La conciencia Yo Soy, tu Salvador, te sacará del desierto de la negación y te llevará a la Tierra Prometida de la abundancia que fluye con leche y miel. Niega que puedes perder algo en una depresión económica. Deja ir los pensamientos negativos de pérdida financiera o de cualquier otro tipo de pérdida, y reconoce que nada se pierde en todo el universo. Hay oportunidades en todas partes, como siempre ha habido, para producir todo lo que necesites financieramente, o en cualquier otro sentido. Dios quiere que seas un productor de nuevas ideas. Las nuevas ideas te llegan desde adentro. No pienses ni por un momento que estás limitado a las ideas que provienen de afuera. De todos modos, muchas de esas ideas ya han quedado atrás y han dejado de ser útiles. Por eso atravesamos por periodos de cambio; para que las antiguas ideas obsoletas puedan ser desechadas y sustituidas por otras nuevas y mejores. Desde el comienzo de la llamada depresión ha habido más inventos que en cualquier otro período similar de la historia de Estados Unidos. Esto demuestra que las nuevas ideas están en el interior, esperando ser llamadas y expresadas. Podemos encontrar nuevas formas de vivir y nuevos métodos de trabajo; no estamos confinados a las formas y métodos del pasado. Cuando nos comunicamos con el Espíritu interior y pedimos nuevas ideas, éstas siempre vienen. Cuando estas ideas de nuestro interior son reconocidas, se ponen a trabajar y salen a la superficie. Entonces, todos los pensamientos que hemos tenido, así como los pensamientos de otras personas, se añaden a ellos y rápidamente se producen cosas nuevas. Dejemos de depender servilmente de otro para todo y convirtámonos en productores, pues solo en esa dirección se encuentra la felicidad y el éxito. Comencemos a concentrarnos en este ser interno, en este ser poderoso que produce cosas, que obtiene sus ideas de un reino de dimensión superior, que trae ideas de un nuevo territorio, la tierra de Canaán. ¿Qué tipo de carácter le estás dando a esta sustancia interna con tus pensamientos? Cambia tu pensamiento y aumenta tu sustancia en la mente, como Eliseo aumentó el aceite para la viuda. Consigue vasijas más grandes y muchas de ellas. Incluso una idea muy pequeña de sustancia puede ser añadida y aumentada. La viuda tenía una cantidad muy pequeña de aceite, pero a medida que el profeta la bendijo aumentó hasta que llenó todas las vasijas que pudo pedir prestadas a los vecinos. Nosotros deberíamos adquirir el hábito de bendecir todo lo que tenemos. A algunas personas les puede parecer una tontería que bendigamos nuestras monedas de cinco y diez centavos, pero sabemos que estamos poniendo en funcionamiento la ley del aumento. Toda la sustancia es una y está conectada, ya sea en lo visible o en lo invisible. A la mente le gusta algo que ya está formado y es tangible para que la sugestión se fije en ella. Con esta imagen, la mente se pone a trabajar para atraer una sustancia similar del reino invisible y así aumentar lo que tenemos a mano. Jesús utilizó la pequeña cantidad de panes y peces para producir una gran cantidad de panes y peces. Eliseo usó una pequeña cantidad de aceite para producir una gran cantidad de aceite. Así que cuando bendecimos nuestro dinero u otros bienes, estamos cumpliendo con una ley divina de aumento que ha sido demostrada muchas veces.

Otro paso en la demostración de prosperidad es la preparación de la conciencia para recibir el aumento. Si rezamos para que llueva, debemos asegurarnos de tener nuestros paraguas con nosotros. En el tercer capítulo del segundo libro de Reyes, se lee cómo Eliseo hizo que el agua saliera de lo invisible y llenara las zanjas en el desierto. Pero, primero, se tuvieron que cavar las zanjas en la tierra seca. Eso requería fe, pero los reyes la tenían, y cavaron zanjas en todo el gran valle, tal como Eliseo les había ordenado. Fue gracias a la comprensión de Eliseo, que conocía la verdad sobre la sustancia invisible, que se logró este aparente milagro. Sin embargo, las zanjas tenían que estar preparadas, asimismo, tú debes preparar tu conciencia para la entrada de la sustancia universal. Esta obedece a la ley de la naturaleza, al igual que el agua o cualquier otra cosa visible, y fluye hacia el lugar preparado para ella. Llena todo lo que tienes en tu mente, ya sean vasijas, zanjas o tu cartera.

No es recomendable mantener una demanda demasiado específica. Podrías visualizar cien dólares y obtenerlos, cuando mil estaban en camino. No limites la sustancia a lo que crees que necesitas o deseas; más bien ensancha tu conciencia y dale a la Mente Infinita libertad para trabajar, y todo lo bueno y necesario te será provisto. Deja que tus declaraciones sean amplias y con comprensión para que tu mente pueda expandirse al infinito en lugar de intentar poner lo infinito en tu mente.

Declaraciones para Ampliar la Mente y Llenarla con la Riqueza de la Sustancia

La sabiduría infinita me guía, el amor divino me prospera, y Yo soy exitoso en todo lo que emprendo. En tranquilidad y confianza yo afirmo el poder de atracción del amor divino como mi imán de suministro constantemente creciente.

Yo tengo una fe ilimitada en la sustancia omnipresente que aumenta y se multiplica a mi palabra de abundancia, abundancia, abundancia.

Padre, te agradezco el ilimitado aumento de mente, dinero y actividades.

DIOS HA PROVISTO PROSPERIDAD PARA CADA HOGAR

El hogar es el corazón de la nación. El corazón es el centro del amor. El amor es el mayor poder de atracción del mundo. El electroimán que levanta los lingotes de acero primero debe cargarse con corriente eléctrica, ya que sin corriente no tiene poder. Así, el corazón humano, o el hogar, que es el corazón de la nación, debe estar encendido con el amor de Dios; entonces se convierte en un imán que atrae todo el bien desde todas las direcciones. Dios ha provisto ampliamente para cada hogar, pero la provisión está en la sustancia universal, la cual solo responde a la ley. A través de la aplicación de la ley, la sustancia es atraída hacia nosotros y comienza a trabajar para nosotros.

Es la ley del amor que tengamos todo lo que deseamos. Como un padre da regalos a sus hijos, así el Señor nos da a nosotros, por amor. Cuando deseamos lo correcto, ponemos nuestros pensamientos en el reino de la supermente; nos contactamos con la Mente-Dios y de ella atraemos la sustancia invisible que se manifiesta en las cosas temporales. Así, la sustancia se convierte en una parte de nuestra mente y, a través de ella, de nuestros asuntos. Atraemos la sustancia espiritual hacia nosotros, tal como el imán atrae el hierro. Cuando pensamos que el amor de Dios atrae hacia nosotros la sustancia necesaria para el sustento y el suministro, esa sustancia comienza a acumularse a nuestro alrededor, y al permanecer en la conciencia de ella, comienza a manifestarse en todos nuestros asuntos.

"El perfecto amor echa fuera el temor". El temor es un gran generador de pobreza, ya que destruye los pensamientos positivos. Los pensamientos negativos traen consigo condiciones negativas. Lo primero que se debe hacer para lograr una demostración de prosperidad en el hogar, es descartar todos los pensamientos negativos y las palabras negativas. Construye una atmósfera de pensamiento positivo en el hogar, una atmósfera libre de miedo y llena de amor. No permitas que ninguna palabra de pobreza o carencia limite el poder de atracción del amor en el hogar. Selecciona cuidadosamente solo aquellas palabras que carguen la atmósfera del hogar con la idea de abundancia, porque los iguales se atraen tanto en lo invisible como en lo visible. Nunca hagas una afirmación de algo que no quieres que persista en el hogar, sin importar qué tan verdadero parezca en la superficie. Al hablar de pobreza y carencia estás haciendo un lugar cómodo junto a tu chimenea para esos invitados no deseados y querrán quedarse. Más bien, llena el hogar con pensamientos y palabras de abundancia, de amor y de la sustancia de Dios; entonces los invitados no deseados se irán pronto.

No digas que el dinero es escaso; precisamente esa declaración ahuyentará el dinero de ti. No digas que los tiempos son difíciles para ti; esas mismas palabras apretarán tu cartera hasta el punto en que la propia omnipotencia no pueda sacar ni un centavo de ella. Comienza ahora a hablar de la abundancia, piensa en la abundancia y da gracias por la abundancia. Involucra a todos los miembros de la casa en el mismo trabajo. Hazlo un juego. Es muy divertido y, mejor que eso, realmente funciona.

Todos los hogares pueden ser prósperos, y no deberían existir hogares afectados por la pobreza, ya que ésta solo es causada por la falta de armonía, el miedo, el pensamiento negativo y la palabra negativa. Cada elemento visible de riqueza puede ser rastreado a una fuente invisible. El alimento proviene del grano que fue plantado en la tierra, pero ¿quién ve o conoce el amor vivificante que toca la semilla y la hace fructificar? Una fuerza invisible, procedente de una fuente invisible, actúa sobre las diminutas semillas y brota el suministro para la multitud.

La sustancia física que llamamos tierra es la forma visible de una sustancia mental superabundante, presente en todas partes, impregnando todas las cosas e impulsando todas las cosas a la acción. Cuando el grano o la semilla se ponen en la tierra, el pensamiento vivificante del universo hace que el pequeño germen de vida se apodere de la sustancia espiritual que lo rodea, y lo que llamamos materia resulta ser una forma de la mente. "No hay materia; todo es mente".

Las palabras también son semillas y cuando caen en la sustancia espiritual invisible, crecen y producen según su especie. "¿Acaso se recogen uvas de los espinos o higos de los abrojos?" Los agricultores y los jardineros eligen sus semillas con el mayor cuidado. Rechazan todas las semillas defectuosas que encuentran y así se aseguran la cosecha venidera. Para tener prosperidad en tu hogar tendrás que ejercer la misma discriminación inteligente en la elección de tus palabras semillas.

Debes esperar la prosperidad cuando cumples la ley de la prosperidad. Por lo tanto, sé agradecido por cada bendición que obtengas y agradece tan profundamente cada demostración como un inesperado tesoro que cae en tu regazo. Esto mantendrá tu corazón fresco; porque la verdadera acción de gracias se puede comparar a la lluvia que cae sobre el suelo preparado, refrescándola y aumentando su productividad. Cuando Jesús tenía solo una pequeña provisión, dio gracias por ese poco que tenía. Esto hizo que lo poco se convirtiera en una abundancia tal que una multitud quedó satisfecha con la comida y sobró mucho más. La bendición no ha perdido su poder desde el momento en que Jesús la utilizó. Pruébala y comprobarás su eficacia. El mismo poder de multiplicación está en ella hoy. La alabanza y la acción de gracias imparten el poder espiritual vivificante que produce el crecimiento y el aumento en todas las cosas.

Nunca debes condenar nada en tu hogar. Si deseas que nuevos artículos de mobiliario o ropa nueva ocupen el lugar de los que tienes ahora, no hables de tus cosas actuales como viejas o gastadas. Cuida tus palabras. Mírate vestido como le corresponde a un hijo del Rey y observa tu casa amueblada de acuerdo a tu ideal. Así, planta en la atmósfera del hogar la semilla de la riqueza y la abundancia. Todo vendrá a ti. Utiliza la misma paciencia, sabiduría y perseverancia que emplea el agricultor al plantar y cultivar, y tu cosecha estará asegurada.

Tus palabras de Verdad son energizadas y vitalizadas por el Espíritu viviente. Tu mente ahora está abierta y receptiva a la entrada de ideas divinas que te inspirarán con la comprensión del poder de tus propios pensamientos y palabras. Eres prosperado. Tu hogar es un imán de amor, que atrae todo lo bueno del depósito de suministro infalible e inagotable. Tu aumento viene por la correcta aplicación de la ley de Dios en tu hogar. "La bendición del Señor es la que enriquece, y él no añade tristeza con ella".

Jesús enseñó cómo vivir una vida sencilla, en paz y tranquilidad. Donde la simpleza de su enseñanza es recibida y apreciada, la gente cambia su forma de vivir, haciendo a un lado la ostentación y llegando a la simplicidad y belleza de las cosas que valen la pena. La mayoría de las personas que pueden planear unas vacaciones, disfrutan cada verano de una pequeña cabaña en el bosque donde pueden vivir una vida sencilla y natural, en contacto con la naturaleza. Esto demuestra que anhelan desprenderse de las cargas del convencionalismo y descansar en contacto con lo real de las cosas. El alma se cansa del desgaste del mundo artificial y debe tener una temporada de descanso, de vez en cuando. Jesús invita, "Vengan a mí todos los que están cansados y cargados, y yo los haré descansar".

Existe una gran diferencia entre la vida simple y la pobreza. Estos dos conceptos se asocian en la mente de algunas personas, y por eso evitan la idea de la vida sencilla. Incluso los que han llegado a un cierto grado de comprensión espiritual a veces apartan de su mente todo pensamiento de una forma de vida sencilla, porque temen que los demás piensen que están fallando en demostrar prosperidad. En tales casos, los que juzgan deberían recordar "no juzgar según las apariencias", y los que son juzgados deberían estar satisfechos con la alabanza de Dios en lugar de la alabanza humana. Todos aquellos que basan su prosperidad únicamente en las posesiones tienen una prosperidad puramente material que, aunque puede parecer grandiosa durante un tiempo, se desvanecerá, porque se basa en el cambio de lo externo y no tiene ninguna raíz dentro de la conciencia.

Existe una gran similitud en los hogares de casi todas las personas que tienen aproximadamente los mismos ingresos. Cada uno sigue inconscientemente la sugestión y amuebla su hogar con el mismo tipo de cosas que sus vecinos. Aquí y allá hay excepciones. Alguien expresa su individualidad, superando las sugestiones de la masa y comprando el tipo de muebles que realmente quiere o que es realmente cómodo y útil. Este espíritu libre e independiente tiene mucho a su favor para hacer una demostración de prosperidad. La ilusión de que es necesario ser igual a otras personas o tener tanto como otras personas, provoca un espíritu de ansiedad que dificulta el ejercicio de la fe en la demostración.

La vida sencilla no implica pobreza y no es ascética. Es tan diferente de lo austero como del lujo desenfrenado. Es el modo de vida natural, libre e infantil, y uno nunca sabe realmente lo que es la verdadera prosperidad hasta que entra en esta simplicidad e independencia de espíritu. La vida sencilla es un estado de conciencia. Es paz, contentamiento y satisfacción en la alegría de vivir y amar, y se alcanza pensando en Dios y adorándolo en espíritu y en verdad.

Tú quieres aprender a demostrar prosperidad en tu hogar mediante el ejercicio correcto de los poderes y facultades que Dios te ha dado. Reconoce desde el principio que tienes estos poderes y facultades. Estás en posesión de todo lo necesario para la demostración de prosperidad y puedes emprenderla con la mayor confianza y fe. Puedes atraer de la sustancia omnipresente durante toda la eternidad y nunca disminuirá, ya que consiste en ideas. A través del pensamiento llevas algunas de estas ideas a tu mente y comienzan a manifestarse en tus asuntos.

El amor es una de esas ideas que proporcionan la llave del depósito infinito de la abundancia. Abre la generosidad en nosotros. Abre la generosidad en los demás cuando comenzamos a amarlos y a bendecirlos. ¿También abrirá un espíritu de generosidad en Dios? Ciertamente lo hará, y lo hace. Si conscientemente amas y bendices a Dios, pronto descubrirás que las cosas vienen a tu encuentro. Te sorprenderá que el simple hecho de pensar en Dios atraiga hacia ti las cosas que deseas y esperas, y te traiga muchas otras bendiciones en las que ni siquiera habías pensado. Miles de personas han probado esta ley a su entera satisfacción, y tenemos muchos registros que ilustran cómo la gente ha demostrado la abundancia en la misma cara de la aparente carencia, simplemente pensando en el amor de Dios y agradeciéndole lo que tienen. Esta ley se demostrará para ti o para cualquiera que la aplique fielmente, porque "el amor nunca falla".

Las personas del mundo de los negocios y de la industria han demostrado tener grandes cantidades de dinero por amor. No amaban a Dios, pero el amor al dinero atrajo el dinero hacia ellos. Atrajo la sustancia hacia ellos y les permitió acumular dinero, pero simplemente como material, sin la idea divina que asegura la permanencia. Escuchamos hablar de empresarios que van a la quiebra con la misma frecuencia que escuchamos hablar de personas que hacen grandes fortunas. Cuando desarrollamos una conciencia espiritual, transferimos este amor personal a un plano más elevado y más estable, del amor al dinero y a las cosas materiales hacia el amor a Dios, y así concebido atraerá hacia nosotros todos los recursos de la Mente infinita por siempre y para siempre. Una vez que te conectas con el banco universal de Dios, tienes una fuente permanente de riqueza.

Jesús dijo que cuando nos acerquemos al altar para hacer una ofrenda en nuestro corazón no debemos tener nada contra nuestro hermano. Dijo que antes de que podamos entrar en contacto con el amor y el poder de Dios, debemos hacer primero las paces con nuestro hermano. Esto significa que debemos cultivar el amor por nuestros semejantes para poner en funcionamiento la fuerza de atracción del amor. Todo lo que tenemos que hacer es vivificar nuestro amor por los demás pensando en el amor y expulsando de nuestra mente todo el odio y el miedo que debilitan el perfecto funcionamiento de ese poderoso imán. Así como el amor atrae, el odio disipa. Antes de acercarte al altar de la abundancia de Dios, anda y hazte amigo de tus hermanos. Hazte amigo incluso de los poderes del dinero. No envidies a los ricos. Nunca condenes a los que tienen dinero solo porque ellos lo tienen y tú no. No te preguntes cómo han conseguido su dinero, ni si son honrados o no. Nada de eso es asunto tuyo. Tu tarea es obtener lo que te pertenece y lo haces pensando en la sustancia omnipresente de Dios y cómo puedes apoderarte de ella a través del amor. Ponte en contacto con las riquezas de Dios en espíritu, apodérate de ellas por medio del amor y tendrás suficiente para cada día. "Por tanto, el amor es el cumplimiento de la ley".

La ley eterna del Espíritu sigue funcionando, independientemente de lo que pienses, digas o hagas. Está establecido que el amor te traerá prosperidad, y no tienes que preguntarte si realmente lo hará o cómo lo hará. "Por tanto, no se preocupen diciendo: ¿Qué comeremos? o, ¿qué beberemos? o, ¿con qué nos vestiremos?" No te preocupes. La preocupación es un ladrón porque te separa de tu bien. Rompe la atractiva ley del amor, la ley que dice: "El perfecto amor echa fuera el temor". Destierra la preocupación afirmando tranquila y confiadamente el poder de atracción del amor divino como el imán constantemente activo que atrae tu suministro inagotable. Una buena afirmación para desterrar la preocupación es una como ésta:

"El amor divino suministra abundantemente y aumenta la sustancia para satisfacer todas mis necesidades".

Casi todos los libros o artículos que tratan sobre el éxito o la prosperidad enfatizan las conocidas virtudes de la honestidad, la dedicación, el sistema y el orden, la fidelidad y el trabajo duro. Éstas constituyen una base excelente y pueden desarrollarse. Cualquier persona con determinación y voluntad puede superar los hábitos de pereza, descuido y debilidad, mediante el poder de la voluntad. El uso de la voluntad es muy importante en la demostración de la prosperidad. Si hay desorden o falta de sistema en tu hogar, supéralo. Afirma: Quiero ser ordenado. Seré ordenado. Seré sistemático en todos mis trabajos y actividades. Soy sistemático. Soy ordenado. Soy eficiente.

Se necesita el uso de la voluntad para ser persistente, y debemos ser persistentes al hacer demostraciones. Los esfuerzos espasmódicos cuentan poco, y muchas personas se dan por vencidas con demasiada facilidad. Si las cosas no salen bien la primera vez que lo intentan, dicen que la ley es incorrecta y no hacen ningún esfuerzo adicional. Cualquier cosa que valga la pena, como la prosperidad en el hogar, y especialmente un suministro permanente e infalible que siga satisfaciendo las necesidades diarias año tras año, merece cualquier esfuerzo que podamos hacer. Entonces ten paciencia, pero sé persistente. Declara: No me desanimo. Soy persistente. Sigo adelante.

Cuando el éxito no logra coronar nuestros primeros esfuerzos, nos desalentamos y renunciamos. Luego tratamos de consolarnos con el viejo pensamiento de que es la voluntad de Dios que seamos pobres. La pobreza no es la voluntad de Dios, pero las personas acusan a Dios para excusar su propio sentimiento de insuficiencia y derrota. La voluntad de Dios es la salud, la felicidad y la prosperidad para cada persona; y tener todo lo bueno y hermoso en el hogar es expresar la voluntad de Dios para nosotros. La voluntad de Dios no se expresa en un cuartucho, ni en ningún hogar donde se alberguen la discordia, la carencia y la infelicidad. Ni siquiera un invitado humano se quedaría mucho tiempo en un hogar así. ¿Cómo podemos esperar entonces que el Padre se hospede allí? Para tener un hogar próspero prepáralo como el lugar de residencia de Dios, que da prosperidad a todos sus hijos y no añade tristeza a la misma. Determina conocer la voluntad de Dios y hacerla. Afirma: "Estoy decidido a alcanzar el éxito haciendo la voluntad de Dios". Esto resume toda la ley. Dios está más dispuesto a dar que nosotros a recibir. Lo que tenemos que hacer es determinar cuál es su voluntad, lo que él quiere dar, y abrirnos a recibir su generosidad. Lo hacemos estando dispuestos a hacer su voluntad. Puedes ser y tener cualquier cosa que quieras ser y tener. Quieres estar sano. Quieres ser feliz. Quieres ser próspero. Hay muchas personas que quieren ser prósperas y que se han propuesto, según piensan, muy decididamente. Pero no han superado todas las dudas y cuando su demostración se retrasa, como ocurre en tales casos, la duda aumenta hasta que pierden la fe por completo. Lo que necesitan es más persistencia y determinación. La palabra "determinación" es una buena palabra, una palabra fuerte, sustancial y con poder. Jesús dijo que sus palabras eran espíritu y vida y que nunca pasarían. Emerson dijo que las palabras están vivas y que si cortas una sangrará. Utiliza esa palabra "determinada" y enfatízala en tus afirmaciones. Si las cosas no parecen llegar lo suficientemente rápido, determina que serás paciente. Si aparecen pensamientos negativos, determina que serás positivo. Si te sientes preocupado por los resultados, determina ser optimista, En respuesta a cada pensamiento de carencia o necesidad determina ser próspero. El Señor tiene prosperidad para dar y aquellos que son determinados van en busca de su parte. Jesús fue muy positivo y muy determinado en todas sus afirmaciones. Hizo grandes demandas a Dios y las demostró. Sin la menor duda de que el dinero estaría allí, le dijo a Pedro que pusiera su mano en la boca del pez y que sacara el dinero deseado. Sus oraciones estaban hechas de una fuerte afirmación tras otra. El Padrenuestro es una serie de afirmaciones determinadas. Declaramos que la voluntad de Dios es que seamos ricos, prósperos y exitosos. Fija en tu mente que esa es la voluntad de Dios para ti y tu hogar, y harás tu demostración.

En el Antiguo Testamento, en el capítulo cuatro del segundo libro de Reyes, hay una buena lección de prosperidad para cualquier hogar. La viuda representa a alguien que ha perdido su conciencia del suministro y sustento de Dios. Esa idea divina de Dios como todo-abundancia es nuestro verdadero sustento. Los dos hijos de esta casa representan los pensamientos de deuda, lo que la familia debe y lo que alguien le debe a la familia. El profeta es el entendimiento divino. La casa es la conciencia del cuerpo. La vasija de aceite es la fe en la sustancia espiritual. Los vecinos son los pensamientos externos, y sus "vasijas vacías" son los pensamientos de carencia. Entrar y "cerrar la puerta", como se le dijo a la viuda que hiciera, es ingresar a la conciencia interna y excluir los pensamientos de carencia. Esto es seguido por fuertes palabras de afirmación: "vierte" la sustancia en todos los lugares que parecen estar vacíos o carentes, hasta que todos estén llenos. En conclusión, se afirma que todas las obligaciones están cumplidas, todas las deudas pagadas, y que sobra tanto que no quedan vasijas para contenerlo.

Esto se compara con la promesa de Dios: "Te abriré las ventanas del cielo y derramaré una bendición tan grande, que no habrá espacio suficiente para recibirla". El "cielo" representa la mente. Todo esto se hace en la mente, y tú puedes hacerlo. Lleva cada paso adelante en tu imaginación exactamente como si estuviera ocurriendo en el exterior. Forma tu demostración de prosperidad en tu mente, luego aférrate la ley divina del cumplimiento. "Y, habiendo hecho todo, estar firmes". Es posible que no puedas llenar todas las vasijas con aceite en tu primer intento, pero a medida que practiques el método día a día tu fe aumentará y tus resultados serán proporcionales al aumento de tu fe.

Trabaja en el problema hasta que lo demuestres. Aplica el principio y la solución es segura. Si no aparece de inmediato, revisa cuidadosamente tus métodos y observa en qué aspectos tu trabajo no ha sido verdadero. No permitas que exista un solo pensamiento vacío en tu mente, sino llena cada rincón de ella con la palabra abundancia, abundancia, abundancia.

Si tu cartera parece vacía, niega la carencia y di: "Ahora está llena con la generosidad de Dios, mi Padre, que provee todas mis necesidades". Si tus habitaciones están vacías, niega la apariencia y determina que la prosperidad se manifiesta en cada parte de cada habitación. Nunca pienses de ti mismo como pobre o necesitado. No hables de tiempos difíciles ni de la necesidad de una economía estricta. Incluso "las paredes tienen oídos" y, desafortunadamente, memoria también. No pienses en lo poco que tienes, sino en lo mucho que tienes. Gira el telescopio de tu imaginación y mira desde el otro extremo. "Ni aun en tu recámara maldigas al rey, ni en tu alcoba maldigas al rico; porque un ave de los cielos llevará la voz y un ser alado hará conocer el asunto".

"Bienaventurado es el hombre que no anda en el consejo de los impíos, ni se detiene en el camino de los pecadores, ni se sienta en la silla de los blasfemos, sino que su deleite está en la ley del Señor, y en su ley medita día y noche. Será como un árbol firmemente plantado junto a corrientes de agua. Que da su fruto a su tiempo y su hoja no se marchita. En todo lo que hace, prospera". (Salmos 1: 1-3)

"Con sabiduría se edifica una casa; y con prudencia se afianza. Con conocimiento se llenan las cámaras de todo bien preciado y deseable" (Proverbios 24:3-4)

"Abrirá el Señor para ti su buen tesoro". (Deuteronomio 28:12)

"Y el Todopoderoso será para ti tu oro, y tu plata escogida" (Job 22:25)

"El Señor es mi pastor; nada me faltará." (Salmos 23)

"Confía en el Señor, y haz el bien; habita en la tierra, y cultiva la fidelidad" (Salmos 37:3)

"Gloria y gloria da al Señor; nada bueno niega a los que andan en integridad" (Salmos 84:11)

"Para otorgar heredad a los que me aman y así llenar sus tesoros". (Proverbios 8:21)

"Si quieren y obedecen, comerán lo mejor de la tierra" (Isaías 1:19)

DIOS PAGARÁ TUS DEUDAS

"Perdona nuestras deudas, como también nosotros hemos perdonado a nuestros deudores". En estas palabras, Jesús expresó una ley mental infalible, la ley de que una idea debe ser disuelta antes de que otra pueda tomar su lugar. Si tienes en tu mente cualquier pensamiento de que alguien te ha hecho daño, no puedes dejar entrar el poder purificador del Espíritu y la riqueza de la sustancia espiritual hasta que hayas desechado la idea del agravio y lo hayas perdonado por completo. Puede que te preguntes por qué no has conseguido la iluminación espiritual o no has encontrado la conciencia de la sustancia espiritual. Tal vez la razón esté aquí: la falta de espacio para los pensamientos verdaderos porque otros pensamientos llenan tu mente. Si no estás recibiendo la comprensión espiritual que crees que deberías tener, debes buscar en tu mente cuidadosamente los pensamientos opuestos al perdón. "Los pensamientos son cosas" y ocupan espacio en el reino de la mente. Tienen sustancia y forma, y pueden fácilmente ser tomados como permanentes por alguien que no está dotado de discernimiento espiritual. Ellos dan fruto según la semilla plantada en la mente, pero no son perdurables, a menos que estén fundados en el Espíritu. Los pensamientos están vivos y son dotados por el pensador con un poder de pensamiento secundario; es decir, la entidad de pensamiento que forma el Yo Soy, asume un ego y comienza a pensar por su propia cuenta. Los pensamientos también piensan, pero solo con el poder que tú les das.

Dime qué tipo de pensamientos tienes acerca de ti y tu prójimo, y puedo decirte exactamente lo que puedes esperar en cuanto a la salud, las finanzas y la armonía en tu hogar. ¿Desconfías de tu prójimo? No puedes amar y confiar en Dios si odias y desconfías de las personas. Las dos ideas amor y odio, o confianza y desconfianza, simplemente no pueden estar presentes en tu mente al mismo tiempo, y cuando estás sosteniendo una, puedes estar seguro de que la otra está ausente. Confía en las demás personas y utiliza el poder que acumulas con ese acto para confiar en Dios. Hay magia en ello: hace maravillas; el amor y la confianza son poderes dinámicos y vitales. ¿Estás acusando a los demás de ser ladrones y temes que te quiten algo que es tuyo? Con un pensamiento así, que genera miedo e incluso terror en tu mente y llena tu conciencia de oscuridad, ¿dónde hay lugar para la luz de protección del Padre? Más bien construye muros de amor y sustancia a tu alrededor. Envía veloces mensajeros invisibles de amor y confianza para tu protección. Son mejores guardianes que los policías o los detectives.

No juzgues a los demás en cuanto a su culpabilidad o inocencia. Considera tu posición ante el Padre si tienes pensamientos sobre la culpabilidad de los demás. Comienza tu reforma por ti mismo. Esto significa mucho para quien goza de una comprensión de la mente y sus leyes, aunque puede significar poco para el individuo común. El que se conoce a sí mismo de forma superficial —solo su personalidad externa— piensa que se ha reformado cuando se ha ajustado a las leyes morales y gubernamentales. Incluso, puede estar satisfecho con su propio sentido de rectitud y elevar diariamente su voz para alabar a Dios porque él no es como los demás, porque él ha perdonado las transgresiones que cometen el resto de las personas. Considera a todos aquellos que no se ajustan a sus ideas de moralidad y religión como pecadores y transgresores, y da gracias a Dios por su propia percepción y agudeza. Pero él no está en paz. Algo parece faltar. Dios no le habla "cara a cara" porque la mente, donde Dios y el ser humano se encuentran, está oscurecida por el turbio pensamiento de que los demás son pecadores. Nuestro primer trabajo en cualquier demostración es contactar a Dios, por lo tanto, debemos perdonar a todos sus transgresiones. A través de este perdón limpiamos nuestra mente para que el Padre pueda perdonar nuestras propias transgresiones.

Nuestro perdón "a todos" nos incluye a nosotros mismos. También debes perdonarte a ti mismo. Deja que el dedo de la negación borre todos los pecados o "faltas" que hayas cargado contra ti mismo. Paga tus deudas diciéndole a esa parte de ti mismo que cree que ha fallado: "Has sido sanado; no peques más para que no te ocurra algo peor". Luego, "suéltalo y déjalo ir". Trata el pecado como una transgresión mental, en lugar de considerarlo como un desvío moral. Niega en el pensamiento toda tendencia al camino del error y mantente firmemente en el Espíritu de Cristo, que es tu ser divino. Sepárate para siempre de la "conciencia acusadora". Aquellos que han resuelto no pecar más no tienen nada en común con la culpa.

"¿Estaré en deuda mientras tenga deudas contra otros?". Esta es la ley de la mente: un pensamiento de deuda producirá deuda. Mientras creas en la deuda, te endeudarás y acumularás las cargas que siguen a ese pensamiento. Quien no ha perdonado a todos sus deudas, es probable que él mismo se endeude. ¿Significa esto que debes dar recibos a todos los que te deben? No. Eso no borrará de tu mente la idea de deuda. Primero, niega en tu mente que algún hombre o mujer te deba algo. Si es necesario, revisa tu lista de nombres por separado y perdona sinceramente la idea de deuda que has estado asignando a cada persona nombrada. Se pueden recaudar más cuentas de este modo que de cualquier otro, pues muchas de estas personas pagarán lo que deben cuando les envíes este pensamiento de perdón. La deuda es una contradicción del equilibrio universal, y no existe la falta de equilibrio en todo el universo. Por tanto, en Espíritu y en Verdad no hay deuda. Sin embargo, las personas se aferran a un pensamiento de deuda y este pensamiento es responsable de una gran cantidad de dolor y dificultad. El verdadero discípulo reconoce su suministro en la

115

conciencia de la abundancia omnipresente, universalmente poseída. La sustancia del espíritu es imparcial y de propiedad común, y ninguna idea de deuda puede entrar en ella.

Las deudas existen en la mente, por tanto, la mente es el lugar apropiado para comenzar a liquidarlas. Estas entidades de pensamiento deben ser abolidas en la mente antes de que sus manifestaciones externas se alejen y desaparezcan. El mundo nunca podrá liberarse de la esclavitud de las obligaciones financieras mientras las personas no borren de sus mentes los pensamientos de "lo mío y lo tuyo" que generan deudas e intereses. Analiza la idea de deuda y verás que implica una idea de carencia. La deuda es un pensamiento de carencia con ausencia en ambos extremos; el acreedor cree que le falta lo que se le debe y el deudor cree que le falta lo necesario para pagarlo, en caso contrario, cumpliría la obligación en lugar de continuarla. Hay un error en ambos extremos de la proposición y nada en el medio. Siendo esto cierto, debería ser fácil disolver toda la idea de que alguien nos debe o de que nosotros debemos algo a alguien. Deberíamos llenar nuestra mente con pensamientos de suficiencia, y donde no hay carencia no puede haber deudas. Así, descubrimos que la manera de pagar nuestras deudas es llenando nuestra mente con la sustancia de ideas que son directamente opuestas a las ideas de carencia que causaron las deudas.

Los pensamientos de abundancia te traerán de manera más rápida y segura lo que te pertenece, más que cualquier otro pensamiento que puedas tener sobre los deudores cumpliendo con sus obligaciones contigo. Observa la sustancia en todas partes y afirmarla, no solo para ti sino para todos los demás. Especialmente, afirma la abundancia para aquellos a los que has tenido el pensamiento de que te deben. De este modo, les ayudarás a pagar sus deudas más fácilmente que si te limitas a borrar sus nombres de tu libro de cuentas por cobrar. Ayuda a pagar las deudas de los otros, perdonándoles sus deudas y declarando para ellos la abundancia que ya es suya en el Espíritu. El pensamiento de la abundancia también traerá sus frutos a tu propia vida. Deja que la ley de la abundancia se manifieste en ti y en tus asuntos. Esta es la forma en que el Señor perdona tus deudas: no cancelándolas en sus libros, sino borrándolas de su mente. Él no las recuerda más contra ti cuando niegas su realidad. El Padre es el Espíritu omnipresente en el cual todo lo que aparece tiene su origen. El amor de Dios te ve siempre bien, feliz y abundantemente provisto; pero la sabiduría de Dios demanda que el orden y la relación correcta existan en tu mente antes de que se manifiesten en tus asuntos como abundancia. Su amor te daría todos tus deseos, pero su sabiduría ordena que perdones a tus deudores antes de que tus deudas sean perdonadas.

Para remediar cualquier situación de finanzas limitadas o problemas de salud causados por la preocupación, uno debe comenzar eliminando la preocupación que es la causa original. Hay que liberar la mente de la carga de la deuda antes de que la deuda pueda ser pagada. Muchas personas han descubierto que la afirmación "No le debo a nadie nada más que amor" les ha ayudado enormemente a contrarrestar este pensamiento de deuda. A medida que utilizaban las palabras, su mente se abría a una afluencia de amor divino y cooperaban fielmente con la ley divina del perdón en pensamiento, palabra y obra. Construyeron una conciencia tan fuerte del poder curativo y enriquecedor del amor de Dios que pudieron vivir y trabajar pacífica y provechosamente con sus asociados. Así, renovados constantemente en la salud, en la fe y en la integridad, pudieron cumplir con todas las obligaciones que se les presentaban.

La declaración "No le debo a nadie nada más que amor" no significa que podamos negarles el dinero a nuestros acreedores o tratar de evadir el pago de las obligaciones en las que hemos incurrido. Lo que se niega es el agobiante pensamiento de deuda o de carencia. El trabajo de pagar las deudas es un trabajo interior que no tiene nada que ver con las deudas ya contraídas, sino con las ideas erróneas que las produjeron. Cuando uno se aferra a las ideas correctas, no se contraen deudas agobiantes. Las deudas son producidas por pensamientos de carencia, deseo impaciente y codicia. Cuando se superan estos pensamientos, las deudas son superadas, perdonadas y pagadas en su totalidad, y estamos libres de ellas para siempre.

En todo momento, tus pensamientos deben ser dignos de tu yo más elevado, de tus semejantes y de Dios. Los pensamientos que con mayor frecuencia traen mal para ti y tus asociados son los pensamientos de crítica y condenación. Libera tu mente de ellos sosteniendo el pensamiento "Ahora no hay condenación para los que están en Cristo Jesús". Llena tu mente con pensamientos de amor divino, justicia, paz y perdón. Esto pagará tus deudas de amor, que son las únicas deudas que realmente tienes. Luego, observa con qué rapidez, facilidad y naturalidad se pagarán todas tus deudas externas y, al mismo tiempo, se suavizarán todas las inarmonías de la mente, el cuerpo y los asuntos. Nada enriquecerá tan rápidamente tu mente y la liberará de todo pensamiento de carencia como el reconocimiento del amor divino. El amor divino te liberará rápida y perfectamente de la carga de la deuda y te curará de tus dolencias físicas, a menudo causadas por la depresión, la preocupación y el temor financiero. El amor te traerá lo tuyo, ajustará todos los malentendidos y hará que tu vida y tus asuntos sean saludables, felices, armoniosos y libres, como deberían ser. El amor es realmente el "cumplimiento de la ley".

Ahora está abierto el camino para que pagues tus deudas. Entrégalas a Dios junto con todas tus dudas y miedos. Sigue la luz que inunda tu mente. El poder, el amor y la sabiduría de Dios están aquí, porque su reino está dentro de ti. Entrégale el pleno dominio de tu vida y de tus asuntos. Entrégale tus negocios, tus asuntos familiares, tus finanzas, y deja que él pague tus deudas. Él ya lo está haciendo, pues es su justo deseo liberarte de toda carga, y te está sacando de la carga de la deuda, ya sea que debas o te deban. Enfrenta cada pensamiento insidioso, como: "no puedo", "no sé cómo", "no veo el camino", con la declaración: "El Señor es mi pastor; nada me faltará". No te faltará la sabiduría, el coraje o la sustancia para hacer, una vez que hayas comprendido completamente el alcance de la gran verdad de que el Todopoderoso te está llevando hacia "pastos verdes ... junto a aguas tranquilas".

En el reino de la verdad y la realidad, las ideas son la moneda del reino. Puedes utilizar las nuevas ideas que la sabiduría divina ahora está avivando en tu mente y comenzar en este mismo momento a pagar tus deudas. Comienza agradeciendo a Dios por liberarte de la carga del pensamiento de deuda. Este es un paso importante para romper los grilletes de la deuda. Es posible que los fondos para pagar todas tus facturas no aparezcan de repente en una suma global; pero a medida que observes y trabajes y reces, manteniéndote en la conciencia de la dirección de Dios y de su abundancia, notarás que tus fondos empiezan a crecer "un poco aquí, un poco allí", y que aumentan cada vez más rápidamente a medida que aumenta tu fe y se aquietan tus pensamientos ansiosos. Porque con el aumento se añadirá el buen juicio y la sabiduría en la gestión de tus asuntos. Las deudas desaparecen pronto cuando la sabiduría y el buen juicio están al mando.

No cedas a la tentación de los "planes con facilidades de pago". Cualquier pago que agote tu salario antes de recibirlo, no es facilidad de pago. No permitas que el falso orgullo te tiente a dar un pago de entrada de mil dólares con un salario de cien dólares. Puede haber ocasiones en las que tengas la tentación de no pagar una cuenta para satisfacer el deseo de alguna otra cosa. Esto le lleva a uno fácilmente al hábito de aplazar el pago, lo que fija el íncubo de la deuda en las personas antes de que se den cuenta. Es el precursor, de apariencia inocente, del hábito de la deuda y del pensamiento de la deuda que puede robarte la paz, la satisfacción, la libertad, la integridad y la prosperidad durante años. La Mente Divina que hay en ti es mucho más fuerte que esta mente de deseo del cuerpo. Dirígete a ella en un momento como éste, y afirma: "El Señor es mi pastor; no desearé esta cosa hasta que me llegue en orden divino".

Bendice a tus acreedores con el pensamiento de la abundancia a medida que empieces a acumular los medios para pagar tus obligaciones. Mantén la fe que tuvieron en ti incluyéndolos en tu oración por aumento. Comienza a liberarte de inmediato haciendo todo lo posible con los medios que tienes y, a medida que avanzas en este espíritu, el camino se abrirá para que puedas hacer más; porque a través de las avenidas del Espíritu te llegarán más medios y se cumplirá toda obligación.

Si eres un acreedor, ten cuidado con el tipo de pensamientos que tienes sobre tu deudor. Evita el pensamiento de que no está dispuesto a pagarte o de que no puede pagarte. Un pensamiento lo mantiene en la deshonestidad y el otro lo mantiene sujeto a la carencia, y cualquiera de ellos tiende a cerrar la puerta a la posibilidad de que te pague pronto. Piensa bien y habla bien de todos los que te deben. Si hablas de ellos con otras personas, evita llamarlos por nombres que no te aplicarías a ti mismo. Cultiva un genuino sentimiento de amor hacia ellos y respeta su integridad a pesar de todas las apariencias. Declara un suministro abundante para ellos y así les ayudarás a prosperar. Reza y trabaja por su bien tanto como por el tuyo, pues el tuyo es inseparable del de ellos. Tú le debes a tu deudor tanto como él te debe a ti, y la tuya es una deuda de amor. Paga tu deuda con él y él te pagará la suya. Esta regla de acción nunca falla.

Los cristianos visionarios esperan ansiosos la pronta reanudación del sistema económico inaugurado por los primeros seguidores de Jesucristo. Tenían todas las cosas en común, y a nadie le faltaba nada. Pero antes de que podamos tener una comunidad verdaderamente cristiana fundada sobre una base espiritual, debemos ser educados en la forma correcta de pensar sobre las finanzas. Si todos nos reuniéramos y dividiéramos todas nuestras posesiones, en poco tiempo, aquellos que tienen las ideas financieras predominantes manipularían nuestras finanzas, y nuevamente se establecería la plétora por un lado y la carencia por el otro.

El mundo no se librará de la esclavitud de la deuda y el interés hasta que las personas comiencen a trabajar en sus mentes para borrar esas cosas de la conciencia. Si Estados Unidos perdonara a las naciones de Europa todas sus deudas y borrara sus cuentas, la ley no necesariamente se cumpliría; pues probablemente seguiría existiendo la idea de que aún nos debían y de que habíamos hecho un sacrificio al cancelar las obligaciones. No nos sentiríamos muy cómodos al respecto, de modo que no les perdonaríamos de verdad y, en ese caso, el pensamiento de error se mantendría. Primero debemos perdonar el pensamiento de error de que nos deben dinero y de que estaríamos perdiendo dinero al cancelar las deudas. Aquel que se ve obligado a perdonar una deuda, no la perdona.

Sobre todo, debemos llenar nuestra mente con la conciencia de esa abundancia divina que se manifiesta en todas partes en el mundo actual. Hay tanta sustancia como siempre, pero su flujo libre ha sido interferido por el egoísmo. Debemos librar nuestra mente de la idea de adquisición egoísta que es tan dominante en el pensamiento de la raza, y de esa manera contribuir a la gran obra de liberar al mundo de la avaricia. Es el deber de cada metafísico cristiano ayudar a la solución de este problema afirmando que el Espíritu universal de suministro se está manifestando ahora como una energía distribuidora en todo el mundo; que todos los pensamientos acumuladores, acaparadores y viciosos se están disolviendo; que todas las personas tienen cosas en común, que nadie en ninguna parte carece de nada; y que la ley divina de distribución del suministro infinito, demostrada por Jesucristo, se está manifestando ahora en todo el mundo. "Del Señor es la tierra y su plenitud".

Hay un comercio legítimo que se lleva a cabo por medio de lo que se llama crédito. El crédito es conveniente para ser utilizado por aquellos que aprecian su valor y tienen cuidado de no abusar de él, ya que hacerlo sería arruinarlo. Sin embargo, muchas personas no están preparadas para utilizar beneficiosamente el sistema de crédito y es probable que abusen de él. En primer lugar, pocas personas están familiarizadas con las complejidades de los sistemas de crédito y con frecuencia asumen obligaciones sin estar seguros de su capacidad para cumplirlas, especialmente si surge alguna complicación imprevista. Con frecuencia el individuo pierde todo lo que invierte y se ve involucrado en una carga adicional de deudas. Tales cosas no están en orden divino y en gran medida son responsables de retrasar la prosperidad.

Nadie debe asumir una obligación a menos que esté preparado para cumplirla con prontitud y de forma voluntaria cuando llegue el momento de pagarla. Quien conoce a Dios como su recurso infalible puede estar seguro de que le suministrará cuando lo necesite. Entonces, ¿por qué debería endeudarse si tiene la seguridad de que será provisto su suministro diario sin necesidad de deudas? No hay acreedores ni deudores en el reino de Dios. Si estás en ese reino, ya no tienes que cargar con el pensamiento de deuda, ya sea como deudor o acreedor. Bajo la ley divina no hay que alcanzar cosas que estén por encima de nuestros medios actuales. Hay una riqueza de conciencia cada vez mayor, que proviene del conocimiento cierto de que Dios es un suministro infinito e infalible. Las cosas externas se ajustan al patrón interno, y las riquezas son atraídas por aquel que vive cerca del desinteresado corazón de Dios. Su entorno se embellece por la gloria de la Presencia, y hay una prosperidad satisfactoria y duradera en sus asuntos.

Solo hay una forma de liberarse de la deuda. Es el deseo de ser libre, seguido de la comprensión de que la deuda no tiene un lugar legítimo en el reino de Dios y de que estás decidido a borrarla por completo de tu mente. A medida que trabajes hacia tu libertad, te resultará útil tener periodos diarios de meditación y oración. No te concentres en las deudas ni arruines tus oraciones pensando constantemente en las deudas. Piensa en lo que quieres demostrar, no en aquello de lo que buscas librarte. Cuando reces, agradece al Padre por su cuidado y guía, por su provisión y abundancia, por su amor y sabiduría, por su infinita abundancia y tu privilegio para disfrutarla.

Aquí hay algunas oraciones de prosperidad que pueden ayudar a establecerte en la verdad de la abundancia y a borrar el pensamiento erróneo de la deuda. Se ofrecen como sugerencias para que formes tus propias oraciones, pero pueden utilizarse tal y como se dan con excelentes resultados:

Ya no estoy ansioso por las finanzas;

Tú eres mi suministro en todas las cosas.

El Espíritu de honestidad, prontitud, eficiencia y orden ahora se expresa en mí y en todo lo que hago.

Estoy libre de todas las limitaciones del pensamiento mortal sobre cantidades y valores. La superabundancia de riquezas de la mente de Cristo ahora es mía, y yo soy prosperado en todos mis caminos.

Salmo 23

Un tratamiento para liberar la mente de la idea de la deuda

El Señor es mi pastor; nada me faltará
En lugares de verdes pastos me hace descansar;
Junto a aguas tranquilas me conduce.
Él restaura mi alma

Me guía por caminos de justicia por amor de su nombre.

Aunque pase por el valle de sombra de muerte,
No temeré mal alguno; porque tú estás conmigo;
Tu vara y tu cayado me consuelan.
Tú preparas una mesa delante de mí en presencia de mis enemigos.
Has ungido mi cabeza con aceite;
Mi copa está rebosando.
Ciertamente el bien y la misericordia me seguirán todos los días de mi vida,
Y habitaré en la casa del Señor por siempre.

DIEZMO, EL CAMINO HACIA LA PROSPERIDAD

"Como ustedes abundan en todo: en fe, en palabra, en conocimiento, en toda solicitud y en el amor que hemos inspirado en ustedes, vean que también ellos abunden en esta gracia" (2 Corintios 8:7)

"Honra al Señor con tus bienes y con las primicias de todos tus frutos; y tus graneros estarán llenos de abundancia y tus lagares rebosarán de vino nuevo" (Proverbios 3:9)

Bajo la ley mosaica se exigía el diezmo (o la décima parte) como la parte del Señor. A lo largo del Antiguo Testamento se menciona el diezmo o la décima parte como una devolución razonable y justa al Señor a modo de reconocimiento de él como fuente de suministro. Después de que Jacob tuvo la visión de la escalera con ángeles que subían y bajaban por ella, levantó una columna e hizo un voto al Señor, diciendo: "De todo lo que me des, yo te daré el diezmo". En el tercer capítulo de Malaquías encontramos que la bendición de Dios está directamente relacionada con la fidelidad al dar al tesoro del Señor, pero las donaciones deben hacerse porque es lo correcto y porque se ama dar, no por un sentido del deber o por una recompensa.

También nos asegura Jesús, en una promesa directa, que habrá una recompensa después de dar: "Den y les será dado; medida buena, apretada, remecida y rebosante vaciarían en sus regazos. Porque con la medida que midan, se les volverá a medir".

Las promesas de beneficios espirituales y de aumento de la generosidad de Dios mediante el cumplimiento de esta ley divina de dar y recibir, abundan en todas las Escrituras:

"Hay quien reparte y le es añadido más, y hay quien retiene lo que es justo, solo para venir a menos. El alma generosa será prosperada y el que sacie a otros también será saciado". (Proverbios 11:24-25)

"El que es generoso será bendito. Porque da su pan al pobre". (Proverbios 22:9)

"El que siembra abundantemente, abundantemente también segará" (2 Corintios 9:6)

"Bienaventurados los que siembran junto a todas las aguas". (Isaías 32:20)

Vivimos ahora bajo mayores y más plenas bendiciones de Dios que el mundo jamás haya conocido. Por tanto, es necesario dar como corresponde y recordar la ley del diezmo, porque si la ley exigía la décima parte en los tiempos antiguos, ciertamente no es menos adecuado que la demos alegremente ahora. Uno de los mayores incentivos de dar generosamente, es una profunda apreciación por las bendiciones que se nos garantizan a través de la obra redentora de Jesucristo. "El que no negó a su propio Hijo, sino que lo entregó por todos nosotros, ¿cómo no nos dará también junto con él todas las cosas?" "De gracia recibieron, den de gracia". El verdadero dar es el amor y la generosidad del corazón vivificado por el Espíritu que responde al amor y la generosidad del corazón del Padre.

En su segunda carta, Pablo hace un conmovedor llamado a los Corintios para que den generosamente a sus hermanos más pobres de Jerusalén. Sugiere algunos principios para dar que son siempre aplicables, pues dar es una gracia que contribuye al crecimiento espiritual de todas las personas en todos los tiempos. Sin dar, el alma se marchita, pero cuando se practica el dar como parte de la vida cristiana, el alma se expande y se asemeja a Dios en la gracia de la liberalidad y la generosidad. Ninguna restauración a la semejanza de Dios puede ser completa a menos que la mente, el corazón y el alma se abran diariamente a ese espíritu grande, libre, dadivoso que caracteriza a nuestro Dios y Padre. Por tanto, no es de extrañar que Pablo clasifique la gracia de dar con la fe, el conocimiento y el amor.

En su primera carta a la iglesia de Corinto, Pablo sugirió un plan muy sencillo pero práctico para ejercer esta gracia de dar: "Que el primer día de la semana, cada uno de ustedes aparte y guarde según haya prosperado, para que cuando yo vaya no se recojan entonces ofrendas". Es decir, se pidió a cada miembro que contribuyera a la creación de un arca de ofrenda. Éste debía ser el almacén del Señor, en el que cada uno debía poner sus ofrendas regularmente y en proporción a sus medios. Al adoptar este plan, el oferente se convertía en administrador de los bienes del Señor y entraba en un curso de formación y disciplina necesario para ser un buen administrador, ya que se necesita sabiduría para saber cómo dispensar correctamente la generosidad de Dios. Tal vez no se pueda sugerir una forma más sencilla de empezar a crecer en la gracia de dar en nuestros días. Los que han seguido este método han descubierto, por lo general, que tenían más dinero para dar del que habían creído posible.

Para que el plan de dar tenga éxito, hay varias cosas que deben cumplirse. En primer lugar, debe haber una mente dispuesta. "Porque si hay buena voluntad, se acepta según lo que se tiene, no según lo que no se tiene". "Dios ama al que da con alegría". En segundo lugar, la ofrenda debe hacerse con fe, y no debe retenerse porque la ofrenda parezca pequeña. Muchos de los ejemplos de donaciones que se registran en la Biblia como dignos de mención especial, elogio y bendición son ejemplos en los que la donación en sí era pequeña. La viuda que alimentó a Elías en su tiempo de escasez le dio un pastel hecho con su último puñado de harina. Por su fe y su espíritu generoso fue recompensada con una abundante provisión diaria de alimentos para ella y sus hijos, así como para

Elías. "No se acabará la harina en la tinaja, ni se agotará el aceite en la vasija".

Esta misma verdad se expone bellamente en el Nuevo Testamento, donde se muestra claramente que no es la cantidad de la ofrenda sino el espíritu con el que se da, lo que determina su valor y poder.

"Jesús se sentó frente al arca del tesoro, y observaba cómo la multitud echaba dinero en el arca del tesoro; y muchos ricos echaban grandes cantidades. Llegó una viuda pobre y echó dos pequeñas monedas de cobre, o sea, un cuadrante. Y llamando Jesús a sus discípulos, les dijo: En verdad les digo, que esta viuda pobre echó más que todos los contribuyentes al tesoro; porque todos ellos echaron de lo que les sobra, pero ella, de su pobreza, echó todo lo que poseía, todo lo que tenía para vivir" (Marcos 12:41-44).

Esta viuda pobre ejemplificó lo que es dar con fe; y fueron estas dos pequeñas monedas un regalo tan grande que produjeron tales alabanzas del Maestro mismo. Los resultados de dar con fe son tan certeros en esta época como en la de Jesús, ya que la ley es infalible en todos los tiempos.

Un tercer requisito para cumplir la ley de dar y recibir es que la ofrenda debe ser una proporción justa y equitativa de todo lo que uno recibe. La cantidad fue definida por Pablo y la medida que dio fue: "según haya prosperado". Hay una cierta definición acerca de esto, sin embargo, admite la libertad para que el dador ejerza su fe individual, juicio y voluntad.

El asunto de la distribución sabia está estrechamente relacionado con el asunto de llenar el arca del tesoro de Dios. A quién debemos dar y cuándo son preguntas bastante importantes. Hay varias verdades que pueden considerarse a este respecto, pero luego cada individuo debe confiar en el Espíritu de sabiduría manifestado en su propio corazón, ya que no hay reglas ni precedentes que uno pueda seguir en detalle. Así es como debe ser, pues mantiene vivos y activos el juicio, la fe, el amor, la solidaridad y la voluntad del individuo. Sin embargo, un estudio minucioso de las leyes subyacentes de la donación espiritual le ayudará a uno a ejercer estas facultades divinas tal como deben ejercerse. Si seguimos el Espíritu de sabiduría no daremos nada que sea contrario a las enseñanzas de Jesucristo, sino que gastaremos cada centavo en la promoción de la buena nueva de la vida que él proclama y en la promoción de la hermandad humana, que es su misión establecer en la tierra entre todos los que se convierten en hijos por medio de él.

La verdadera donación espiritual se ve recompensada con una doble alegría: primero, la que se produce al depositar la ofrenda en el altar o en el tesoro del Señor; después, la alegría de compartir nuestra parte de la generosidad de Dios con los demás. Una de las bendiciones es el conocimiento satisfactorio de que estamos cumpliendo la ley y pagando nuestra deuda de amor y justicia con el Señor. La otra es la alegría de compartir la generosidad del Señor. La justicia es lo primero; después, la generosidad.

Incluso los llamados paganos reconocen que dar forma parte de la adoración, porque los encontramos acudiendo con ofrendas cuando adoran a sus ídolos. En todas las edades y en todos los sistemas religiosos se ha enfatizado el dar como una parte vital de su adoración. En esta época, cuando tenemos tanto, se nos exige más, incluso darnos a nosotros mismos con todo lo que somos y tenemos. Este privilegio conlleva beneficios inconmensurables, ya que nos libera de la vida personal, nos unifica con lo universal y abre así nuestra vida interior y exterior a la afluencia y salida de la vida, el amor, la generosidad y la gracia de Dios. Este es el bendito resultado de la fiel obediencia a la ley y el ejercicio de la gracia de dar.

La gente se sorprendió cuando el profeta Malaquías les dijo que habían estado robando a Dios y ellos deseaban saber en qué habían fallado cuando pensaban que habían estado sirviendo al Señor tan fielmente. La gente se sorprende hoy en día al saber que no han sido fieles a la ley de Dios, ya que el mensaje de Malaquías es tanto para los antiguos como para nosotros. El Espíritu de Dios dio este mensaje por medio del profeta:

"Traigan todo el diezmo al alfolí, para que haya alimento en mi casa, y póngame ahora a prueba en esto, dice el Señor de los ejércitos, si no les abro las ventanas de los cielos, y derramo para ustedes tanta bendición hasta que sobreabunde. Por ustedes reprenderé al devorador, para que no les destruya los frutos del suelo, ni su vid en el campo sea estéril, dice el Señor de los ejércitos. Y todas las naciones los llamarán bienaventurados, porque serán una tierra de deleite, dice el Señor de los ejércitos". (Malaquías 3:10-11)

Estudia detenidamente este tercer capítulo de Malaquías si quieres conocer la feliz solución del problema de dar y recibir. Comprueba lo práctico que es para las personas de todos los ámbitos de la vida y también para las naciones. Ofrece la solución a los problemas del agricultor. Expone claramente una ley de prosperidad para todas las clases de personas; para los que necesitan proteger sus cosechas de las heladas, las sequías y las inundaciones; para los que quieren escapar de las plagas, las pestes y las múltiples cosas que destruirían su suministro y sustento. Es una ley sencilla, pero muy eficaz: basta con dar el diezmo o la décima parte o los "primeros frutos" o su equivalente al Señor. No hay que esperar que Dios satisfaga todas las exigencias de la persona en cuanto a dar esta protección y aumento, a menos que ésta cumpla con las exigencias de Dios. El acto de dar cumple la ley divina, porque implica el reconocimiento de Dios como dador de todo incremento; y a menos que reconozcamos la fuente de nuestro suministro, no tenemos la seguridad de seguir utilizándolo.

Un gran número de personas tienen dudas sobre si realmente servirá de algo pedir al Señor protección y abundancia en las cosechas u otros suministros. Muchos de los que trabajan en las ciudades o se dedican a los negocios piensan que es extraño creer en la prosperidad omnipresente. De este modo, la incredulidad está presente en ellos precisamente en el momento en que es más necesaria una fe inquebrantable. Hay una razón psicológica por la que la gente debe obedecer la ley espiritual. Cuando un hijo obedece la ley de Dios en cualquier línea, inmediatamente su fe se fortalece en proporción y sus dudas desaparecen. Cuando alguien pone a Dios en primer lugar en sus finanzas, no solo en sus pensamientos, sino en todos sus actos, entregando al Señor sus primeros frutos (la décima parte de su aumento o ingreso), su fe en el suministro omnipresente se vuelve cien veces más fuerte y prospera en consecuencia. Obedecer esta ley le da el conocimiento interno de que está construyendo sus finanzas sobre una base segura que no le fallará.

Todo en el universo pertenece a Dios, y aunque todas las cosas son para nuestro uso y disfrute, no podemos poseer nada egoístamente. Cuando las personas aprendan que en la tierra está actuando una ley más elevada que las costumbres y los deseos humanos para lograr la justicia, la equidad y la igualdad, empezará a obedecer esa ley diezmando, amando al prójimo y haciendo a los demás lo que quiere que le hagan a él. Entonces la humanidad llegará al final de todos los problemas traídos por su egoísmo y codicia, y se volverá saludable, próspera y feliz.

El pastor de una pequeña iglesia en Georgia sugirió a su congregación, compuesta en su mayoría por cultivadores de algodón, que dedicaran una décima parte de su tierra al Señor y le pidieran protección contra los estragos del "gorgojo del algodón", que había devastado los cultivos en esa zona durante varios años. Siete granjeros en la congregación decidieron hacerlo. No tomaron ninguna medida para proteger su cosecha en estos acres designados, y sin embargo la plaga no atacó el algodón allí. La calidad de la fibra era mejor en esos acres que en los contiguos. El experimento fue tan exitoso que prácticamente todos los agricultores de esa comunidad decidieron seguir el plan en el futuro.

Muchas experiencias de este tipo están despertando a la gente hacia el respeto de nuestra relación con el principio infinito de la vida, presente en todas partes, que conocemos como Dios. Este elemento divino de la vida que se manifiesta como crecimiento y sustancia reside dentro de los factores que se combinan para producir algodón, trigo y todas las demás formas de vegetación. Entonces, ciertamente, si el agricultor trabaja en reconocida sintonía con este principio vital, éste trabajará en sintonía con él y para su bien. Si cada uno contribuye con amor y comprensión al otro, el resultado será una mayor cosecha y una mayor prosperidad para el agricultor. No solo el agricultor, sino también el banquero, el comerciante y el profesional pueden trabajar en sintonía y en armonía con este principio de crecimiento y aumento. El principio vital infinito es tan receptivo en un campo como en otro, y está presente en todas partes. Incluso los llamados objetos inanimados están llenos de esta vida infinita, e incluso el oro está comprimido con el deseo de expandirse y crecer.

Los materiales que maneja el comerciante están hechos de la misma sustancia que forma el universo y contienen dentro de sí mismos el germen de crecimiento y aumento.

Por lo tanto, todos aquellos que están asociados diariamente a la vida, y al rendirle el reconocimiento reverente que le corresponde y dar testimonio de este reconocimiento dedicando una parte de sus ganancias, son prosperados. El diezmo es el equivalente al aumento de la fertilidad de la tierra. Si al reconocer a Dios como dador de toda la vida, el agricultor produce dos, seis o veinte fanegas más en su campo, esa porción extra, que de otro modo no habría tenido, es la porción del Señor. En el comercio, el diezmo es el equivalente a la mayor calidad de los bienes. En la vida profesional, el diezmo es el aumento de la capacidad o el aumento del reconocimiento. El principio del diezmo puede aplicarse en todas nuestras relaciones industriales y sociales. En todos los casos en los que se ha aplicado y seguido durante un tiempo, el diezmador ha sido notablemente bendecido; así como en el caso de los cultivadores de algodón y sus acres diezmados.

Hay muchas personas que desean dar, pero no saben cómo hacerlo ni por dónde comenzar. No saben cuánto deben dar, ni cuándo o con qué frecuencia ofrecer sus donaciones, y tienen una serie de preguntas relacionadas. Para responder a estas preguntas hay que encontrar una base definitiva para su donación, una regla a la que puedan ajustarse. Aquí es donde la ley del diezmo se adapta muy bien, ya que es una base sólida, probada y demostrada durante miles de años. El diezmo puede ser una décima parte del salario, sueldo o asignación, de las ganancias netas del negocio, o del dinero recibido por la venta de bienes. Se basa en cada forma de suministro, sin importar a través de qué canal pueda venir, ya que hay muchos canales por los que las personas son prosperadas. La décima parte debe apartarse para el mantenimiento de alguna obra espiritual o trabajadores espirituales. Debe apartarse en primer lugar, incluso antes de que se saquen los gastos personales, porque en la relación correcta de las cosas Dios es siempre lo primero. Luego, todo lo demás sigue el orden divino y cae en el lugar que le corresponde. La gran promesa de la prosperidad es que, si se busca a Dios y su justicia primero, todo será añadido. Una de las formas más prácticas y sensatas de buscar primero el reino de Dios es diezmar, poner a Dios en primer lugar en las finanzas. Es la promesa de Dios, lo lógico de hacer y la experiencia de todos los que la han probado, que todas las cosas necesarias para su comodidad, bienestar y felicidad les han sido añadidas en una medida desbordante. El diezmo establece el método para dar y trae a la conciencia un sentido de orden y aptitud que se manifestará en la vida y los asuntos externos de uno como mayor eficiencia y mayor prosperidad.

Otra bendición que sigue a la práctica del diezmo es el continuo "desprendimiento" de lo que uno recibe, esto mantiene la mente abierta a lo bueno y libre de codicia. Hacer un gran regalo ocasional y luego dejar pasar un lapso de tiempo antes de que se haga otro, no proporcionará este beneficio duradero, ya que el canal de la mente puede, entre tanto, obstruirse con pensamientos materiales de miedo, carencia o egoísmo. Cuando una persona diezma, lo hace de forma continua, para que no se apodere de ella ningún espíritu de aferramiento, ningún miedo ni ningún pensamiento de limitación. No hay nada que mantenga la mente de una persona con menos miedo y tan libre para recibir el bien que le llega constantemente como la práctica del diezmo. Cada día, cada semana, cada día de pago, cuando sea, el diezmador da una décima parte. Cuando le llega un aumento de prosperidad, que de seguro lo hará, su primer pensamiento es darle las gracias a Dios y la décima parte de la nueva cantidad. La mente abierta y libre que se mantiene así en Dios está segura de producir alegría, verdadera satisfacción en la vida y verdadera prosperidad. El diezmo se basa en una ley que no puede fallar, y es la forma más segura que se ha encontrado para demostrar la abundancia, pues es la propia ley y forma de dar de Dios. "Y todo el diezmo de la tierra, de la semilla de la tierra o del fruto del árbol, es del Señor; es cosa consagrada al Señor".

Debemos dar como Dios da, sin reservas y sin pensar en el retorno, sin hacer demandas mentales de recompensa a aquellos que han recibido de nosotros. Un regalo con condiciones no es un regalo; es un soborno. No hay promesa de aumento a menos que demos libremente, abandonemos por completo el regalo y reconozcamos el alcance universal de la ley. Entonces el regalo tiene la oportunidad de salir y volver multiplicado. No se sabe hasta dónde puede llegar la bendición antes de que regrese, pero es un hecho hermoso y alentador que cuanto más tiempo tome, por más manos está pasando y más corazones está bendiciendo. Todas estas manos y corazones le agregan algo en sustancia, y se incrementa aún más cuando regresa.

No debemos tratar de fijar las avenidas por las cuales vendrá nuestro bien. No hay razón para pensar que lo que das volverá a través de aquel a quien se lo diste. Todos son uno en Cristo y forman una hermandad universal. Debemos descartar cualquier reclamo personal, como: "Yo te di, ahora tú dame" y sustituirlo con: "En cuanto lo hicieron a uno de estos hermanos míos, aun a los más pequeños, a mi lo hicieron". La ley nos traerá a cada uno lo propio, la cosecha de las semillas que hemos sembrado. El retorno vendrá, ya que no puede escapar a la ley, aunque es muy posible que venga por un canal muy diferente de lo que esperamos. Tratar de fijar el canal a través del cual debe llegar el bien es una de las formas en que las personas cierran su propio suministro.

El individuo con mentalidad espiritual no hace un uso egoísta de la ley, sino que da porque ama dar. Ya que da sin pensar en la recompensa y sin otro motivo que el amor, se ve envuelto más completamente en la inevitable operación de la ley y su retribución es más segura. Inevitablemente se enriquece y no puede escapar de ello. Jesús dijo: "Da, y se te dará; buena medida, apretada, remecida y rebosante". No estaba simplemente haciendo una promesa, sino enunciando una ley que nunca falla en su operación.

Tan inagotable es la generosidad del Dador de todo bien, que para aquel que tiene ojos para verlo y fe para recibirlo, Dios es una fuente infalible de suministro. El generoso Dador no retiene nada de aquel que viene en nombre de un hijo y heredero, y reclama su parte. Es un gran placer del Padre darnos el reino, y todo lo que el

Padre tiene es nuestro. Pero debemos tener la fe y el coraje para reclamarlo.

Aquellos que logran grandes cosas en el mundo industrial son los que tienen fe en el poder de sus ideas para producir dinero. Los que quieren lograr grandes cosas en la demostración de los recursos espirituales deben tener fe para apoderarse de las ideas divinas y el valor para expresarlas. La concepción debe ir seguida de la afirmación de que la ley se cumple al instante. Entonces el suministro seguirá en la manifestación.

LA CLAVE PARA RECIBIR ABUNDANTEMENTE

Existe una ley de dar y recibir y requiere un cuidadoso estudio si queremos utilizarla en nuestras demostraciones de prosperidad. Es una ley de acción mental y puede ser aprendida y aplicada de la misma manera que cualquier otra ley. La enseñanza de Jesucristo se destaca prominentemente porque se puede aplicar de forma práctica a los asuntos de la vida cotidiana. No es solo una religión, en el sentido en que suele tomarse esa palabra, sino que es una regla para pensar, hacer, vivir y ser. No es solo ética, sino práctica; y hasta el momento la humanidad no ha sondeado la profundidad de las sencillas pero inclusivas palabras de Jesucristo. Para algunas personas es impensable relacionar las enseñanzas de Jesús con la contabilidad y el mercado, pero una visión más profunda de su significado y propósito, que el Espíritu de la Verdad ahora está revelando al mundo, muestra que estas elevadas enseñanzas son las reglas más prácticas para la vida diaria en todos los departamentos de la vida. Son vitales para la civilización moderna y la base misma de la estabilidad empresarial. La ley de dar y recibir que Jesús enseñó: "Da y se te dará" se aplica a todas nuestras relaciones comerciales y sociales.

No hemos tenido más éxito en hacer de esta doctrina de Jesús un estándar práctico para la guía cotidiana porque no hemos entendido la ley en la que se basa. Jesús no habría presentado una doctrina que no fuera verdadera y no se basara en una ley inmutable, y podemos estar seguros de que esta doctrina de dar y recibir es lo suficientemente poderosa como para sustentar todos los asuntos de la civilización. No hemos profundizado lo suficiente en la enseñanza, pero hemos creído entenderla a partir de un mero estudio superficial. Pablo dice: "Ustedes ven las cosas según la apariencia exterior". Y Jesús también nos advirtió que "no juzguemos según la apariencia". No debemos llegar a ninguna conclusión hasta que hayamos estudiado a fondo las causas y las leyes subyacentes. Las cosas que vemos externamente son los efectos que han surgido de causas que son invisibles para nosotros. Existe un interior y un exterior para todo: tanto las condiciones mentales como las materiales impregnan el universo. El ser humano se desliza a voluntad hacia arriba y hacia abajo por toda la gama de causa y efecto. Toda la raza se desliza hacia un efecto casi inconscientemente e identifica tanto los sentidos con el efecto, que las causas se pierden de vista durante miles de años.

Con el tiempo llega un despertar y el lado de la causa de la existencia vuelve a llamar la atención de la humanidad, como se establece, por ejemplo, en las doctrinas de Jesucristo. Pero algunos no pueden captar la gran verdad y se aferran a lo que es claramente visible para ellos, el lado de los efectos. La verdad de que las cosas tienen una identidad tanto espiritual como material y que lo espiritual es el lado de la causa y de mayor valor, es una revelación que puede llegar lentamente a la mayoría de las personas. En este caso, se aferran al lado material, pensando que lo es todo y negándose a soltarlo. La gente ha tomado el lado de la letra o de la apariencia de la doctrina de Jesucristo y lo ha materializado para que se ajuste a sus ideas y costumbres. Esa es la razón por la que el mensaje de Cristo no ha purificado el comercio, la sociedad y el gobierno. Pero deber hacerse espiritualmente operativo en esos campos. Realizará fácilmente el trabajo deseado cuando se estudie su lado mental y cuando se entienda y aplique desde el punto de vista espiritual.

Es necesario reformar la economía más que cualquier otro departamento de la vida cotidiana. El dinero ha sido manipulado por la codicia hasta que la propia codicia está enferma y secretamente pide un remedio. Pero no busca la curación en la religión de Jesucristo. De hecho, ése es el último lugar al que acudiría en busca de ayuda, porque muchos de los defensores de la doctrina de Jesucristo son ellos mismos dependientes económicos y no tienen ninguna solución para el problema económico, al no comprender el poder de su propia religión. Sin embargo, nunca se encontrará un remedio permanente para los males económicos del mundo fuera de una aplicación práctica de las leyes en las que se basa la doctrina de Jesucristo.

La solución correcta de cualquier problema está asegurada por la correcta relación de sus elementos. Toda verdadera reforma comienza con el individuo. Jesús comenzó allí. No clamó por una legislación para controlar a las personas o sus acciones. Él llamó a sus doce discípulos y, a través de ellos, instituyó individualmente esa reforma que tiene como base una apelación a la inteligencia, la honestidad y la bondad innatas en cada persona. Él les dijo: "Vayan por todo el mundo y prediquen el evangelio a toda la creación".

A medida que gente aprende más definitivamente sobre el efecto dinámico del pensamiento y cómo las ideas pasan de una mente a otra, ven cada vez más la sabiduría de la enseñanza de Cristo. Están comenzando a comprender que hay una invariable ley de acción mental y que todo el pensamiento y toda el habla se someten a ella. Así, cuando Jesús dijo: "Por tus palabras serás justificado y por tus palabras serás condenado", él enseñó el poder de los pensamientos y las palabras para producir resultados en conformidad con las ideas que los sustentan.

Siguiendo el lado metafísico de las enseñanzas de Jesús, hemos descubierto que ciertos pensamientos que tienen lugar en las mentes de las personas están causando ampliamente miseria, enfermedad y muerte. También hemos descubierto que estos pensamientos pueden ser disueltos o transformados y el individuo entero puede ser transformado a través de su voluntad consciente. Pablo entendió bien este proceso. Él dijo: "Sean transformados por la renovación de su mente".

Entre los pensamientos destructivos que las personas permiten y ejercen se encuentran esas formas de egoísmo que conocemos como avaricia, codicia, obtención de dinero, deseo de obtener ganancias financieras y de poseer de las cosas del mundo. Estos pensamientos amenazan seriamente con perturbar la civilización del mundo y la estabilidad de toda la raza. Los hombres y las mujeres permiten que el único pensamiento de conseguir dinero genere su frío vapor en sus almas hasta que apaga toda la luz del sol del amor e incluso de la vida. El remedio para la miseria causada por los pensamientos destructivos no está lejos. Se encuentra en el pensamiento constructivo según las líneas establecidas por Jesucristo. En efecto, el remedio para todos los males de los que es heredera la carne reside en la conformidad con la ley divina que Jesucristo reveló a sus verdaderos seguidores. Se dice de estos verdaderos seguidores que: "Eran de un corazón y un alma. Ninguno decía ser suyo propio nada de lo que poseía, sino que todas las cosas eran de propiedad común" (Hechos 4:32)

Muchos verdaderos cristianos han observado esta ley justa y han tratado de ajustarse a ella en la vida comunitaria. Tales esfuerzos no siempre han tenido éxito, porque no existía el necesario reconocimiento del factor mental y la disciplina de las ideas. Mientras la idea de la codicia esté alojada en la mente humana como su factor generador dominante, no puede haber una vida comunitaria exitosa. Esa idea debe ser eliminada primero del plano mental; el siguiente paso, la práctica exterior, será entonces seguro y exitoso.

En todas partes, los verdaderos metafísicos se están preparando para ser miembros de la gran colonia que Jesucristo va a establecer, trabajando para eliminar de su mente todas las ideas egoístas, junto con todas las demás vibraciones discordantes que producen inarmonía entre miembros del mismo grupo. Un paso en esta dirección es la introducción gradual del plan de "ofrendas voluntarias" para sustituir la norma comercial mundial de retribución por los servicios. Nos esforzamos por educar a la gente sobre el tema de dar y recibir, y dejar que su propia experiencia les demuestre que existe una ley divina de equilibrio en los asuntos financieros que se corresponde con la ley de equilibrio y balance que mantiene a los soles y los planetas en el espacio. Para que este gran esfuerzo tenga éxito, debemos contar con la cooperación amorosa de todos aquellos a los que ministramos. La ley se basa en el amor y la justicia, y ajusta de manera equitativa y armoniosa todos los asuntos humanos. Va incluso más allá, ya que restablece una armonía y un equilibrio tanto en la mente como en el cuerpo que da como resultado la felicidad y la salud, así como la prosperidad. El amor y la justicia son poderes inmensos y todas las cosas deben caer bajo su influencia, porque incluso unos pocos hombres y mujeres con el motivo correcto pueden, mediante el pensamiento correcto y la consiguiente acción correcta, introducir estas ideas en la conciencia de la raza y allanar el camino para su adopción universal. El movimiento ya ha comenzado y está ganando terreno rápidamente. Se pide a todos los estudiantes y lectores que lo impulsen, resolviendo ser desinteresados y justos sin coacción.

La conciencia de la raza está formada por las corrientes de pensamiento y las creencias dominantes de todas las personas. Algunos hombres y mujeres se elevan por encima de estas corrientes de pensamiento y se convierten en pensadores independientes. La idea dominante de la raza de la obtención de dinero como meta del éxito está siendo sustituida por la idea de la utilidad y las buenas obras. Esta idea debe ser llevada a cabo por individuos que han resuelto pensar y actuar a la manera de Jesucristo. Para ser uno de estos individuos y contribuir al cambio en la conciencia de la raza, primero dedícate en Espíritu al ministerio de Jesucristo y resuelve llevar a cabo la gran obra que él te ha encargado. Esto no significa que debas predicar como Pablo o llevar a cabo necesariamente un amplio trabajo en el exterior. En el silencio de tu "aposento interior" puedes realizar una poderosa obra de poder negando diariamente las creencias en la avaricia y la codicia, y afirmando el dominio universal del amor y la justicia divinos. Puedes hacer de la idea de exacta equidad y justicia entre las personas sea el tema central de todo lo que digas y hagas. Cuando veas ejemplos de codicia y avaricia o cuando estos pensamientos busquen un lugar en tu mente, recuerda las palabras del Maestro: "¿A ti qué? tú sígueme".

No te permitas ni por un momento pensar en ningún plan para obtener lo mejor de tus compañeros en cualquier comercio o negocio. Mantén firmemente la ley de la equidad y la justicia que actúa en ti y a través de ti, sabiendo con certeza que se te suministra todo lo necesario para satisfacer todas tus necesidades. Da el máximo valor a todo lo que recibas. Pide lo mismo por todo lo que das, pero no intentes imponer esa exigencia con métodos humanos. Hay una forma mejor: piensa en ti mismo como Espíritu, trabajando con poderosas fuerzas espirituales, y sabiendo que las demandas del Espíritu deben ser satisfechas y lo serán.

No planees acumular para el futuro; deja que el futuro se ocupe de sí mismo. Mantener cualquier temor o duda sobre ese punto agota tu fuerza y reduce tu poder espiritual. Mantén firmemente la idea de la omnipresencia del suministro universal, su equilibrio perfecto y su rápida acción para llenar cada aparente vacío o lugar de carencia. Si has tenido el hábito de acumular o de practicar una economía estricta, cambia tus corrientes de pensamiento por la generosidad. Practica dar, aunque sea en pequeña medida. Da con un espíritu de amor y da cuando no puedas ver ninguna posibilidad de retorno. Añade sustancia real a tu regalo dando la sustancia del corazón con la muestra de dinero o lo que sea. Mediante el poder de tu palabra puedes bendecir y multiplicar espiritualmente todo lo que des. Considera que eres el administrador de Dios repartiendo sus inagotables suministros. De este modo, pones en marcha fuerzas mentales y espirituales que acaban por hacer visibles grandes resultados. Alégrate al dar. Dios ama al dador alegre porque su mente y su corazón están abiertos al flujo de la sustancia pura del Ser que equilibra todas las cosas.

No des con ninguna idea de que estás otorgando caridad. La idea de la caridad ha infestado la conciencia de la raza durante miles de años y es responsable del gran ejército de dependientes humanos. Haz todo lo que puedas para anular este error mental. No existe la caridad como se entiende popularmente. Todo le pertenece a Dios y todos sus hijos tienen el mismo derecho a ello. El hecho de que uno tenga un excedente y entregue una parte a otro no convierte a éste en benefactor y al otro en dependiente. El que tiene el excedente es simplemente un administrador de Dios y solo está desempeñando la labor de su administración. Cuando uno pide sabiduría divina y comprensión acerca del dar, se convierte en una alegría tanto para el que da como para el que recibe.

Los seguidores de Jesucristo que realizan su obra de enseñanza y sanación deben, al igual que él, recibir ofrendas voluntarias por su ministerio a la gente. La mayoría de los que se dedican a la enseñanza y la sanación reconocen esta ley de dar y recibir, pero hay un buen número que no la entiende. En primer lugar, están los que están esclavizados a la idea de la avaricia y, en segundo lugar, están los que todavía están esclavizados a la idea de la caridad. Estas dos clases necesitan educación y tratamiento para liberarse de la limitación y la enfermedad mental. Los avaros son los que más sufren en el cuerpo y los más difíciles de curar, debido a la predisposición mental que les impulsa a conseguir todo lo más barato posible, incluido el reino de los cielos. Hay que educarles pacientemente para que sean justos porque es lo correcto, y para que aprendan a "soltar" el espíritu adquisitivo y a sustituirlo por el espíritu de generosidad. Lo harán con bastante facilidad como ejercicio mental, pero no están tan dispuestos a desprenderse del símbolo del dinero. Sin embargo, el tratamiento continuado en el silencio, complementado con la instrucción oral y escrita, acabará por imponerse y sanarlos.

Hay muchos ejemplos que podrían darse para demostrar el funcionamiento de la ley. La idea codiciosa tiene un gran poder sobre el cuerpo. De poco serviría tratar la manifestación exterior antes de eliminar primero la causa interior de la mente. La salvación de estas personas consiste en aprender a dar generosa y libremente, no por obligación ni por recompensa, sino por amor a la entrega. Algunos metafísicos piensan en curar a sus pacientes del dominio de las ideas de avaricia cobrándoles un alto precio por sus tratamientos. Por la misma razón, el médico que más cobra es el más cura a sus pacientes, y cualquier servicio por el que se cobra un precio exorbitante es el mejor. Sin duda, esta es una idea absurda. La sanación metafísica se ha vuelto tan popular que cientos se han dedicado a ella como un negocio y la están convirtiendo en una industria basada en la vieja idea comercial, tan fría y calculadora, tan dura e inflexible como la idea que está en las filas de los cambistas de Mamón.

Seguramente hay un "camino mejor", más en armonía con la ley divina, un camino que permite utilizar el corazón, así como la cabeza y la mano, en la gracia de dar y recibir. Los que utilizan el método de la ofrenda voluntaria se encuentran con algunas críticas y oposición por parte de los que se aferran al método comercial y dicen que cobrar una suma determinada es la forma legítima. Acusan a "Unity" de fomentar la caridad y la pobreza y de mantener vivo el espíritu de obtener algo a cambio de nada que manifiesta tanta gente. Nuestra respuesta es que estamos siguiendo el único camino que podría erradicar eficazmente estos estados de conciencia erróneos y llevar a la gente a la comprensión de la ley espiritual de la prosperidad a través del dar en amor.

Todos deben dar en la medida que reciben; de hecho, es solo a través del dar que pueden recibir. Hasta que el corazón se vivifique en el centro y la mente se abra a la Verdad, no habrá curación permanente. Todos pueden dar un retorno justo por todo lo que reciben. Nuestro objetivo es mostrar a los necesitados sin dinero, que pueden dar algo a cambio del bien que se les ha hecho. Puede ser para transmitir la palabra verdadera a alguna otra alma necesitada, o simplemente alzar su voz en agradecimiento y alabanza donde antes no decían nada. Reconocemos la necesidad de alguna acción de los que tienen la mente atada a Mamón. Hay que hacer que se suelte en alguna parte antes de que pueda recibir la luz y el poder del Espíritu.

Nuestro trabajo consiste en llevar a los hombres y mujeres al lugar de dominio verdadero y duradero en el que son superiores tanto a la riqueza como a la pobreza. Podemos hacerlo mostrándoles que son seres espirituales, que viven en un mundo espiritual aquí y ahora, y que a través de la aprehensión de la verdad de su ser y de su relación con Dios se puede reconocer este dominio.

El hecho central y más vital que deben comprender es que la idea tiene el poder de construir estructuras de pensamiento, las que a su vez se materializan en el entorno y los asuntos externos y determinan cada detalle de su existencia. Cada hombre es un rey, cada mujer es una reina que gobierna a sus propios súbditos. Estos súbditos son las ideas que existen en su mente, los "súbditos" de su pensamiento. Las ideas de cada persona son tan variadas y muestran tantos rasgos de carácter como los habitantes de cualquier imperio. Pero todas ellas pueden ser sometidas y hacerlas obedecer a través del poder Yo Soy, que es el gobernante del reino. En tu dominio mental puede haber colonias de ideas ajenas: los Filisteos, los Cananeos y otras tribus extranjeras que los Hijos de Israel encontraron en su Tierra Prometida cuando intentaron tomar posesión de ella. La historia de los Hijos de Israel y de cómo obtuvieron la posesión de aquella tierra es una representación simbólica de la experiencia de todo aquel que intenta recuperar su propia conciencia en nombre del Señor. El significado en hebreo del nombre Cananeo es "mercader" o "comerciante"; en otras palabras, un conjunto de ideas que tiene que ver con la fase comercial de la vida. Estudia a los Hijos de Israel (ideas espirituales) en sus experiencias con estos Cananeos y obtendrás muchas indicaciones valiosas para someter y manejar tus propias ideas sobre la obtención de dinero.

Puede que permitas que la avaricia y la mezquindad se desarrollen en tu dominio mental hasta que la misma sangre en tu cuerpo comience a secarse y tus nervios se estremezcan y se paralicen con el temor a la pobreza futura. Si es así, es hora de que esas ideas sean expulsadas y un nuevo conjunto de ideas se instale en tu dominio para participar activamente en la construcción de un nuevo estado de conciencia (nación). Comienza de inmediato a soltar todos tus consumidores pensamientos de ganancia. Piensa en la generosidad y comienza a ser generoso por tu propio bien. "Hay más dicha en dar que en recibir" se probará ante ti como la ley, porque serás bendecido con un nuevo influjo de ideas de vida, salud y prosperidad cuando comiences a dar.

En lugar de ser codicioso y avaro, tal vez te hayas ido al otro extremo y hayas cultivado ideas de pequeñas cosas financieramente. Es posible que hayas estado fomentando la pobreza al tener ideas de centavos en lugar de dólares, o de cientos en lugar de miles. Puedes estar pensando que no puedes dar porque tu ingreso es pequeño o tu suministro es limitado. Tu remedio es cultivar ideas de abundancia. Declara a Dios como tu recurso inagotable; que todas las cosas son tuyas. Pero, para poner en movimiento la energía acumulada de tu pensamiento, también debes comenzar a dar. Es posible que solo puedas dar centavos al principio, pero entrégalos en el nombre y espíritu de tu opulento Dios. Envíalos con todo el amor de tu corazón y diles cuando se vayan: "El amor divino a través de mí te bendice y te multiplica".

Tu conciencia es como una corriente de agua. Si la corriente está retenida de alguna manera, el agua se asienta en todos los lugares bajos y se estanca. La forma más rápida de purificar y reformar los lugares bajos y "pantanosos" en tu conciencia, es dejar entrar el flujo desde arriba abriendo la represa. Muchas personas intentan demostrar a Dios como su suministro repitiendo afirmaciones de la abundancia que ya está presente, pero no niegan y, por lo tanto, no se desprenden de la antigua condición y de la antigua idea de carencia, al comenzar a dar lo más generosamente posible. No es la cantidad que das, medida por los estándares del mundo, es la buena voluntad que envías con el regalo, la que solo puede medirse por estándares espirituales.

"Dios ama al dador alegre". La palabra griega que aquí se traduce como alegre, es Hilarión, que realmente significa "hilarante, dichoso". El donativo puede medirse en dólares y centavos, pero Dios no se fija en esos criterios, sino que mira y ama al dador "alegre". Leemos en Deuteronomio 28:47-48:

"Por cuanto no serviste al Señor tu Dios con alegría y con gozo de corazón por la abundancia de todas las cosas; por tanto, servirás a tus enemigos ... en hambre, en sed, en desnudez y en escasez de todas las cosas".

Esto muestra que existe una relación definida entre la alegría o la dicha de nuestro dar y nuestra prosperidad. Ya sea que hagamos un regalo grande o pequeño, hagámoslo con mucha alegría y dicha, incluso hilaridad, recordando que Dios ama a un dador "hilarante".

"Guarden, pues, las palabras de este pacto, y pónganlas en práctica, para que prosperen en todo lo que hagan" (Deuteronomio 29:9)

Bendiciones que pueden colocarse en nuestras ofrendas

El amor divino, a través de mí, bendice y multiplica esta ofrenda.

El Padre da en abundancia; yo recibo con agradecimiento y doy de nuevo generosamente.

Esta es la generosidad de Dios, y yo la envío con sabiduría y alegría.

El amor divino suministra y aumenta generosamente esta ofrenda.

Yo doy libremente y sin miedo, cumpliendo la ley de dar y recibir.

DEPOSITANDO TESOROS

Después de que la multitud fue alimentada con el aumento de los panes y los peces, Jesús ordenó que recogieran lo que sobró para que no se perdiera nada. "Todos comieron y se saciaron; y recogieron lo que sobró de los pedazos: doce canastas llenas". Cualquier forma de desperdicio es una violación de la ley divina de conservación. En todas partes en la naturaleza hay evidencia de sustancia de energía almacenada, lista para ser utilizada cuando se necesite.

Esta fuerza de reserva no es material, sino espiritual. Está lista para ser llamada a la expresión para satisfacer cualquier necesidad. Pero cuando no se pone en uso o no se expresa, hay una manifestación de inarmonía o carencia, ya sea en el cuerpo de la persona o en su suministro externo. Debido a su concepción errónea de esta fuerza espiritual, el individuo comete el error de caer en el hábito de acumular en lugar de conservar. Trata de acumular cosas en lo externo en un vano esfuerzo por evitar una imaginaria escasez en el futuro, y se considera rico por la cantidad de posesiones materiales que posee.

Las personas espiritualmente despiertas llegan al conocimiento de que todas las riquezas son espirituales y están al alcance de todos como ideas divinas. Ellos estudian la ley de la conservación en lo que respecta a lo espiritual y tratan de acumular una gran conciencia de reserva de sustancia, vida, fuerza y poder, en lugar de acumular tesoros materiales que "la polilla y la herrumbre destruyen, y donde ladrones penetran y roban".

De hecho, hombres y mujeres dispersan sus energías a los cuatro vientos en el esfuerzo por satisfacer los deseos de la carne, y luego se preguntan por qué no demuestran prosperidad. Si se dieran cuenta de la verdad de que esta misma fuerza de pensamiento puede conservarse y controlarse para expresarse en canales constructivos, pronto serían prósperos. El espíritu debe tener sustancia para trabajar y debe haber sustancia en las ideas de tu mente. Si tu sustancia va aquí, allí y en todas partes, gastándose en pensamientos desenfrenados, ¿cómo puede acumularse hasta el punto de la demostración? Semejante derroche de sustancia es una transgresión de la ley de la conservación, una ley que todos deberían conocer. Cuando superes tu deseo de disipación, no solo los actos manifiestos, sino el deseo interior, entonces estarás en condiciones de acumular sustancia que debe manifestarse como prosperidad de acuerdo a la ley.

Uno de los principios fundamentales en el estudio del cristianismo es que el gran objetivo de Dios es la creación de un ser humano perfecto. El ser humano es la cúspide de la creación, hecho a imagen y semejanza de Dios, y dotado de plena autoridad y dominio sobre sus pensamientos elementales. A veces pensamos que debemos tener éxito en algún negocio u ocupación antes de poder llegar a ser ricos o famosos. Esto no es "el supremo llamamiento de Dios en Cristo Jesús", que es demostrar la idea divina de un ser humano perfecto. El verdadero objetivo de la vida no es ganar dinero o hacerse famoso, sino la construcción del carácter, la manifestación de las potencialidades que existen en cada uno de nosotros. Una parte del plan divino es la provisión sustancial por parte del Creador de todas las necesidades mentales y físicas de su creación. No estamos estudiando la prosperidad para hacernos ricos, sino para hacer surgir aquellas características que son fundamentales para la prosperidad. Debemos aprender a desarrollar la facultad que traerá prosperidad y el carácter que no se arruina con la prosperidad.

La fe es la facultad de la mente que trata con la idea de la sustancia universal. La fe es la sustancia de las cosas esperadas. Todo en Dios es un ideal, sin forma ni figura, pero con todas las posibilidades. Él es omnipresente en nuestra mente y en nuestro cuerpo. Es en nuestro cuerpo donde llevamos a Dios a la manifestación visible. La fe es la facultad que lo hace. Se apodera de la idea de la sustancia y la hace visible.

La lucha por la riqueza parece ser el único objetivo de existencia para ciertas mentes. Los escritores de los tiempos bíblicos predicaban incesantemente contra los males del dinero. Sin embargo, Jehová siempre prometía riquezas y honor a todos aquellos que guardaban sus mandamientos. El oro y la plata que Dios prometió eran espirituales y no materiales. Dios es mente, y la mente solo puede dar ideas. Estas ideas pueden traducirse en términos de oro o de cualquier otra cosa que deseemos, según nuestro pensamiento. Los únicos tesoros que vale la pena guardar son los que atesoramos en los cielos de la mente. El único oro en el que se puede confiar para traer felicidad es el oro del Espíritu. Cristo dice: "Te aconsejo que de mí compres oro refinado por fuego, para que te hagas rico, y vestiduras blancas para que te vistas y no se manifieste la vergüenza de tu desnudez".

Pablo nos dice que "el amor al dinero es la raíz de todos los males". Naturalmente, eso significa que, al amar el dinero, el individuo lo ha limitado de algún modo. No ha amado la verdadera fuente del dinero, sino que ha amado el objeto en lugar del Espíritu que lo expresa. Ha quebrantado la ley al tratar de apoderarse del objeto y no reconocer la idea que hay detrás de él. Debemos conocer esta ley, observándola en el manejo del dinero, y hacer del amor el imán del suministro en lugar de enredarnos en ese egoísmo y codicia que está causando tanta inarmonía y sufrimiento en el mundo de hoy. Debemos saber que existe una sustancia monetaria universal y que nos pertenece a todos en toda su plenitud.

En la parábola del sembrador, Jesús utiliza una frase muy llamativa. Parte de la buena semilla fue ahogada por las espinas. Las espinas representan el "engaño de las riquezas". Efectivamente, el dinero es un engaño. Promete alivio y brinda preocupaciones; promete placeres y paga con dolor; promete influencia y devuelve envidia y celos; promete felicidad y trae desdicha; promete permanencia y luego se va volando.

Metafísicamente, es mejor, o al menos más seguro, ser pobre que ser rico. Jesús enseñó esto en la parábola del hombre rico y Lázaro. El hombre rico es representado atormentado, clamando para que el hombre pobre le dé un poco de agua. Ahora bien, si los ricos son miserables, también lo son los pobres que desean ser ricos. La pobreza y la riqueza son los dos polos de un imán cuyo pivote es la creencia de que la posesión de la materia traerá alegría al poseedor. Esta creencia es una ilusión, y aquellos que se sienten atraídos por esta creencia y permiten que sus mentes sean hipnotizadas por el deseo de posesiones materiales, son dignos de lástima, ya sea que su deseo se realice o no.

El verdadero poseedor de riqueza es aquel que siente que todas las cosas son suyas para usarlas y disfrutarlas, pero que no se carga con la posesión personal de nada. Diógenes era un hombre muy feliz, aunque vivía en una tinaja. Su filosofía ha sobrevivido a la influencia de las personas ricas y poderosas que fueron sus contemporáneos. Caminaba con un farol al mediodía buscando un hombre honesto, por lo que parece que eran tan raros en su época como en la nuestra.

Sin embargo, el deseo generalizado de posesiones materiales indica que hay algo de bueno en ello. El ser natural procede del suelo, formado del polvo de la tierra, y ama su elemento nativo. El ser espiritual es de arriba, se origina en los cielos de la mente. A él se le da el primer lugar y, como Jacob, suplanta al ser natural. Las personas no deben condenar la tierra por ello, pero tampoco deben amarla excluyendo los cielos. Deben comprender que la sustancia es la arcilla de la que el Padre hace el cuerpo de su pueblo. "Tu Padre celestial sabe que tienes necesidad de todas estas cosas ... Pero busca primero su reino y su justicia, y todas estas cosas te serán añadidas".

La ley divina sostiene que la tierra es del Señor y todo lo que hay en ella. Si se comprendiera profundamente esta verdad, la gente empezaría de inmediato a hacer pública toda la propiedad, disponible para el uso y disfrute de todos. Los primeros discípulos de Jesús comprendieron esto y su religión requería que trajeran todas sus posesiones y las pusieran a los pies de sus líderes, para ser distribuidas y utilizadas de acuerdo a las necesidades de todos. El compañero de Pablo, Bernabé, dio su campo. Ananías y Safira vendieron sus tierras y le llevaron una parte del precio a Pedro, pero retuvieron otra parte. No habían superado el miedo a la carencia futura y no habían puesto su fe plenamente en la enseñanza y las promesas del Maestro.

Cuando hayamos reconocido la verdad de la omnipresencia de Dios como sustancia y suministro para cada necesidad, no habrá necesidad de retener una parte como lo hicieron Ananías y Safira. No podemos acumular dinero en su fase material sin infringir la ley, que es que tenemos toda la sustancia necesaria para nuestro suministro. Le pedimos al Señor nuestro pan "de cada día" y esperamos tenerlo, pero no obtenemos una acumulación que se eche a perder en nuestras manos o que niegue el suministro adecuado a cualquier otra persona. La idea metafísica de esta parte del Padrenuestro es "Danos hoy la sustancia del pan de mañana". No pedimos pan, sino la sustancia que el Espíritu dispone para que se manifieste en forma de pan, vestido, techo o el suministro para cualquier necesidad que tengamos. La sustancia en forma de dinero se nos da para usos constructivos. Se nos da para que la utilicemos y satisfagamos una necesidad inmediata, no para que la atesoremos o la desperdiciemos tontamente. Cuando te hayas liberado del esclavizante pensamiento de acumular dinero, no te vayas al extremo opuesto de gastar de manera extravagante. El dinero debe utilizarse, no abusar de él. Es bueno mantener las obligaciones pagadas. Es bueno tener algo de dinero a mano para buenos usos, como la hospitalidad, la educación, para desarrollar industrias que contribuyan al bien de muchas personas, para fomentar el trabajo espiritual, para ayudar a otros a construir vidas útiles y constructivas, y para muchos otros fines y actividades. Pero en esa conservación del dinero hay que tener siempre presente la necesidad de un motivo constructivo detrás de la acción. El dinero acumulado para un propósito definido y definitivamente constructivo es algo muy diferente del dinero acumulado con el pensamiento temeroso de un "día lluvioso" o de una prolongada temporada de carencia y sufrimiento. El dinero ahorrado para "días lluviosos" siempre se utiliza precisamente para eso, pues el miedo inevitablemente atrae lo que se teme. "Lo que temo viene sobre mí".

El dinero ahorrado como "un fondo de oportunidad" trae un aumento del bien, pero el dinero acumulado a causa del miedo o con cualquier pensamiento mezquino en la mente, no puede traer ninguna bendición. Aquellos que tienen el pensamiento de acumulación, tan predominante en el mundo actual, están invitando problemas e incluso desastres, porque junto con este pensamiento va una fuerte afirmación del temor a la pérdida de las riquezas. Sus acciones expresan temor, y la pérdida que temen seguramente se manifestará tarde o temprano. La idea mundana de prosperidad se basa en una idea errónea del suministro. Uno puede tener la idea correcta de que la fuente de las riquezas es espiritual y, sin embargo, tener una idea equivocada de la constancia del suministro como una sustancia espiritual siempre presente y que fluye libremente. Dios no viste los lirios en un momento y luego los deja a merced de la carencia; les da el suministro continuo necesario para su crecimiento. Podemos estar seguros de que nos vestirá mucho más y nos mantendrá vestidos día a día de acuerdo con nuestras necesidades. Cuando dudamos de esto y en su lugar ponemos nuestra dependencia en el dinero acumulado, cerramos la corriente del suministro divino. Entonces, cuando nuestra pequeña acumulación se gasta, se roba o se pierde, somos como el hijo pródigo y comenzamos a tener necesidades. Jesús no poseía ni un metro de tierra. Sin embargo, nunca careció de nada que necesitara. Sin acumular tesoros en la tierra, era rico en su conciencia de los tesoros del cielo dentro de sí mismo, tesoros listos para manifestarse en el exterior siempre que los necesitara. Sabemos perfectamente que tarde o temprano tendremos que dejar nuestras posesiones terrenales. ¿Acaso esto nos trae el pensamiento de la muerte y de dejar atrás el mundo? Entonces demuestra el poderoso dominio que ha adquirido en tu mente esta idea racial de la riqueza mundana. La gente solo puede pensar en desprenderse de sus posesiones materiales en relación con la muerte. Parece que prefieren la muerte a renunciar a la idea de la riqueza. Cuando hacen tal elección, decretan lo que les sucederá. Por eso es difícil que un "rico" entre en el reino de los cielos. Ha acumulado tesoros en la tierra y no los suficientes en el cielo. No ha hecho posible que su mente se aferre al polo positivo de la riqueza, la verdadera idea de la riqueza. Se aferra al lado negativo de la idea de riqueza, y ese lado está siempre cambiando. Las cosas materiales pasan a menos que estén firmemente conectadas con la Fuente positiva e inmutable.

La verdadera riqueza y la verdadera prosperidad consisten en comprender que existe una sustancia omnipresente de la que proceden todas las cosas y que, mediante la acción de nuestra mente, podemos unificarnos con esa sustancia para que las manifestaciones que procedan de ella se ajusten a nuestros deseos y necesidades. En lugar de reconocer la naturaleza inagotable, eterna y omnipresente de esa sustancia, la hemos limitado en nuestro pensamiento. Hemos pensado que solo hay una cantidad determinada de ella y que es mejor que nos demos prisa en conseguir nuestra parte. Hemos pensado que debemos ser cuidadosos con la forma de gastarla y guardar una parte para cuando no haya más. Al crear esta conciencia de un suministro limitado, hemos llegado a la conclusión de que es necesario ser económico y ahorrar cada vez más. Comenzamos a apretar en nuestra mente y luego nuestro dinero se aprieta porque, como pensamos en nuestra mente, así manifestamos en nuestros asuntos. Esta actitud aprieta el canal a través del cual nuestra sustancia llega a manifestación y hace más lento el flujo constante de nuestro suministro. Entonces llega la depresión, los tiempos difíciles, la escasez; y nos preguntamos por qué, buscamos alguna forma de echar la culpa al gobierno, o a la guerra, o a la industria, o incluso al Señor, pero nunca ni por casualidad, ponemos la culpa donde pertenece: en nosotros mismos.

La "actitud de apriete" de la mente es aún peor que llevar a la gente a la necesidad. Si las personas se relajaran en su mente, aflojarían los nervios y los músculos del cuerpo. Deben aprender la causa de su actitud mental tensa y apretada, y soltarla primero. Entonces el alivio de la condición externa se manifestará como lo hizo la condición misma.

Casi todos nosotros hemos sido educados en la creencia de que la economía es una cosa importante, incluso una virtud. Deberíamos ahorrar nuestro dinero y tener una cuenta bancaria. Ahorrar dinero es la receta del éxito que dan muchos de los ricos. No es una mala idea. Debe haber dinero disponible en los bancos para llevar a cabo los negocios y la industria. Al tener una cuenta bancaria contribuimos al bienestar de la comunidad, si tenemos la idea correcta: que el Señor es nuestro banquero.

La palabra avaro —que en inglés es miser— proviene de la misma raíz latina de la que procede "miserable". Describe la condición de aquellos que aman y atesoran dinero, tierras u otras cosas materiales. Las historias que se cuentan sobre los avaros son casi imposibles de creer, pero casi todos los días la prensa relata la historia de las lamentables estrecheces a las que se han sometido los avaros para aumentar sus riquezas. A veces pasan hambre para añadir unos pocos dólares o incluso unos pocos centavos a su reserva acumulada. Los periódicos publicaron recientemente un artículo sobre un avaro en Nueva York que poseía once millones de dólares. Él iba de oficina en oficina, en uno de sus grandes edificios de oficinas y recogía el papel usado de las cestas, el que vendía por unos pocos centavos. Otro, casi tan rico, no se compraba un abrigo, sino que mantenía su cuerpo caliente sujetando los periódicos debajo de su casaca. Tales hombres no solo son miserables ellos mismos, sino que hacen miserables a todos los que les rodean.

No necesitas acumular tesoros para el futuro cuando sabes que la ley del bien omnipresente te provee desde adentro. A medida que evolucionas en esta ley interna de la mente, atraes hacia ti cada vez más de las cosas buenas de la vida.

Observa en tu mente abundancia en todas partes. Sí, a veces es difícil superar el pensamiento de que no hay suficiente, porque es un pensamiento insidioso que ha estado en la conciencia durante mucho tiempo. Pero se puede hacer. Se ha hecho y lo están haciendo otros. La ley de la prosperidad no es una teoría, sino un hecho demostrado, como pueden atestiguar miles de personas. Ahora es el momento de abrir tu mente y ver la abundancia. Al hacerlo, descubrirás que hay un aumento en tu suministro. Niega de tu mente todo pensamiento de carencia y afirma la abundancia de todo bien. La sustancia infinita que la Mente Infinita te ha dado está ahora a tu alrededor, pero debes apoderarte de ella. Es como el aire, debes respirar el aire para obtenerlo. Es tuya para que la tomes, pero debes tomarla. Debes cultivar este maravilloso poder de la mente para saber que todo es abundante, y este poder para apoderarse de la sustancia invisible en la mente y, mediante la fe, llevarla a la manifestación. Reconoce con Job que ahora tenemos tanto, en realidad y en Verdad, como siempre hemos tenido. No hay escasez, carencia o depresión con Dios.

No tengas miedo, independientemente de cómo afecten las apariencias externas a los demás. Mantén tu cabeza cuando todos a tu alrededor estén perdiendo la suya. Niégate a cargar tu mente con los viejos pensamientos materiales de la economía hasta el punto de negar lo que realmente necesitas. Elimina las antiguas ideas limitantes. Afirma tu libertad y tu fe como un hijo de Dios. No gastes tontamente ni ahorres tontamente. El agricultor no tira su trigo cuando siembra un campo. Sabe cuánto debe sembrar por hectárea y no escatima, porque sabe que una siembra limitada traerá una cosecha limitada. Siembra abundantemente, pero no de forma extravagante, y recoge abundantemente lo que ha sembrado. "Todo lo que el hombre siembre, eso también segará". "El que siembra escasamente también segará escasamente; y el que siembra abundantemente, también cosechará abundantemente".

No podemos dejar de ver que la aparente carencia y los tiempos difíciles son el resultado de estados mentales. Tenemos tales cosas en el mundo manifiesto porque las personas no han cuadrado su acción con el Principio Divino. No han utilizado el juicio espiritual. Cuando invierten en acciones y propiedades se dejan llevar por las opiniones de otros, a veces de aquellos que se autodenominan expertos. Luego viene el colapso, y hasta los expertos demuestran lo poco que entienden las verdaderas leyes de la riqueza. Podemos acudir a un experto que realmente conoce la ley, porque él la estableció en primer lugar. Y él no está lejos, sino justo dentro de nosotros mismos. Podemos ir a nuestro interior, meditar sobre estas cosas en el silencio y el Señor dirigirá nuestras finanzas personales. Él nos mostrará cómo obtener el máximo y dar el máximo con nuestro dinero, y se encargará de que tengamos el suministro que necesitamos para que no nos falte nada necesario para nuestro bien. Esto no significa riquezas amontonadas o "guardadas para un día lluvioso", sino que asegurará nuestro suministro para hoy, el único día que existe en Verdad.

A medida que crecemos en la conciencia de Dios como vida y sustancia omnipresentes, ya no tenemos que poner nuestra confianza en acumulaciones de dinero u otros bienes. Estamos seguros de que la necesidad de cada día será satisfecha, y no nos privamos del disfrute y la paz de hoy para proveer alguna necesidad futura, totalmente imaginaria. En esta conciencia, nuestra vida se ordena divinamente, y hay un equilibrio en el suministro y en las finanzas, como en todo lo demás. No nos privamos de lo que necesitamos hoy, ni tampoco malgastamos nuestra sustancia de manera imprudente ni la agotamos inútilmente. No esperamos ni nos preparamos para la adversidad de ningún tipo, porque hacerlo no solo es invitarla, sino también demostrar que dudamos de Dios y de todas sus promesas. Muchas personas soportan cargas y se niegan a sí mismas lo suficiente para satisfacer sus necesidades actuales a fin de prepararse para días oscuros que nunca llegan. Cuando miramos hacia el pasado, descubrimos que la mayoría de nuestros temores eran infundados, y que la mayoría de las cosas que tanto temíamos nunca ocurrieron. Sin embargo, las cosas para las cuales nos preparamos y que probablemente sí sucedieron, no nos encontraron totalmente preparados, incluso después de todos nuestros esfuerzos en esa dirección. Esto debería permitirnos confiar en Dios ahora y descansar en la positiva seguridad de que él proveerá para todas las necesidades que surjan.

Las cosas nunca son tan malas como piensas. Nunca te dejes agobiar con el pensamiento de que estás pasando por un momento difícil. No quieres una estructura de alma de ese tipo y no debes construirla con esos pensamientos. Estás viviendo en una nueva era. El día de ayer se ha ido para siempre; el de hoy está aquí para siempre. Ahora se está desarrollando algo más grandioso para el ser humano. Ponte en línea con el progreso del pensamiento en la nueva era y avanza.

SUPERANDO EL PENSAMIENTO DE CARENCIA

"El reino de los cielos es semejante a una red que se echa al mar y recoge de toda clase de peces; y una vez llena, la sacan a la orilla, se sientan, recogen los buenos en cestas y tiran los malos" (Mateo 13:47-48)

La mente humana es como una red que atrapa todo tipo de ideas, y es nuestro privilegio y nuestro deber, según la ley divina, separar las que son buenas de las que no lo son. En este proceso, las corrientes de amor espiritual y desinteresado que fluyen por el alma actúan como grandes eliminadores, liberando la conciencia de pensamientos de odio, carencia y pobreza, y dando a la sustancia del Espíritu libre acceso a la conciencia y a los asuntos.

En otra parábola, Jesús explicó el mismo proceso como la separación de las ovejas de las cabras. Cuando esta corriente divina de amor y entendimiento espiritual comienza su trabajo, debemos hacer esta separación. Ponemos a la derecha las ovejas, los pensamientos buenos, obedientes y beneficiosos; y a la izquierda ponemos las cabras, los pensamientos obstinados, egoístas e inútiles. Cada uno debe manejar sus propios pensamientos y superarlos alineándolos con la armonía y el orden del pensamiento divino. Existe una sabiduría infinita y omnipresente en nuestro interior que se ocupará de estos pensamientos y nos guiará para hacer el discernimiento entre lo correcto y lo incorrecto cuando confiemos plenamente a su inteligencia. Podemos establecer una conexión entre la mente consciente y la mente superconsciente dentro de nosotros mediante la meditación, el silencio y la palabra.

La mente supraconsciente dentro de ti, discrimina entre los tipos de alimentos que asimilas, controla tu digestión, tu respiración y los latidos de tu corazón. "Hace todas las cosas bien" y te ayudará a realizar este importante trabajo de indicarte qué pensamientos debes mantener y cuáles debes desechar. A medida que desarrolles esta mente dentro de ti, verás que puedes entregar gradualmente cada vez más asuntos a su perfecta discriminación. Nada es demasiado grande para que lo consiga, ni nada es demasiado trivial para que lo maneje con perfección y prontitud. Esta mente del Espíritu te guiará de manera perfecta, incluso en los diminutos detalles de tu vida, si se lo permites. Pero debes querer hacer su voluntad y confiar en ella en todos tus caminos. Te conducirá infaliblemente hacia la salud, la felicidad y la prosperidad, como ha hecho y hace con miles de personas, siempre y cuando la sigas.

Es tan necesario desprenderse de los viejos pensamientos y condiciones una vez que han cumplido su propósito, como apoderarse de las nuevas ideas y crear nuevas condiciones para satisfacer nuestras necesidades. De hecho, no podemos apoderarnos de las nuevas ideas y crear las nuevas condiciones hasta que no hayamos hecho sitio para ellas eliminando las antiguas. Si sentimos que no podemos separarnos de las cabras, tendremos menos ovejas. Si insistimos en llenar los recipientes con el pescado malo, tendremos que prescindir del bueno. Estamos aprendiendo que los pensamientos son cosas y ocupan "espacio" en la mente. No podemos tener nuevos o mejores en un lugar ya abarrotado de pensamientos viejos, débiles e ineficientes. Una limpieza mental es aún más necesaria que una limpieza material, porque el exterior no es más que un reflejo del interior. Limpia el interior del plato, donde se guarda la comida, así como el exterior que la gente ve, enseñó Jesús.

Es necesario negar los viejos pensamientos y limpiar la mente en preparación antes de que pueda entrar la afirmativa conciencia de Cristo. Nuestra mente e incluso nuestro cuerpo están cargados de pensamientos de error. Cada célula está revestida de pensamientos: cada célula tiene una mente propia. Mediante el uso de la negación rompemos la corteza exterior, el pensamiento material que ha envuelto a las células, y bajamos a la sustancia y a la vida dentro de ellas. Entonces entramos en contacto con esa sustancia y esa vida que nuestras negaciones han dejado al descubierto, y mediante ella expresamos el lado positivo y constructivo de la ley. Cuando negamos sistemáticamente las limitaciones de lo material, empezamos a revelar la ley espiritual que espera en nuestro interior para ser cumplida. Cuando esta ley se revela a nuestra conciencia, comenzamos a utilizarla para demostrar todas las cosas que son buenas. Ese es el estado de conciencia que tenía Jesús, la conciencia de Cristo.

Cada persona tiene un trabajo definido que hacer para llevar adelante la ley divina de la evolución espiritual. La ley se pone en marcha mediante nuestro pensamiento y se respalda continuamente en él a medida que desarrolla nuestra alma. Dentro de nosotros están las grandes potencialidades del Espíritu que, puestas en acción, nos permiten ser, hacer o tener todo lo que queramos. La ciencia nos dice que cada uno de nosotros tiene suficiente energía en su interior para dirigir un universo, si supiéramos liberarla y controlarla. Hacemos esta liberación mediante un proceso de soltar y tomar: soltar lo viejo o lo que ha hecho su parte y ya no es útil, y tomar las nuevas ideas e inspiraciones que provienen de la mente supraconsciente. Jesús le dijo a Pedro que lo que atara en la tierra sería atado en el cielo y que lo que desatara en la tierra sería desatado en el cielo. Él no estaba hablando de una tierra geográfica o un lugar definido en los cielos llamado paraíso. Le estaba explicando a Pedro la ley de la mente. La mente consciente no es más que el polo negativo de un reino de pensamiento muy positivo. Ese reino positivo de pensamiento fue llamado por Jesús: "el reino de los cielos". No es en absoluto un lugar, sino la actividad libre de la mente supraconsciente del individuo. Todo lo que atamos o limitamos en la tierra, en la mente consciente, será atado o limitado en el reino ideal o celestial, y todo lo que soltemos y liberemos en la mente consciente (la tierra) será suelto y liberado en el reino ideal, el celestial. En otras palabras, cualquier cosa que afirmes o niegues en tu mente consciente determina el carácter de las actividades de la supermente. Todo el poder se te da tanto en el cielo como en la tierra a través de tu pensamiento.

Debemos elegir cuidadosamente qué pensamientos vamos a soltar en la mente y qué pensamientos vamos a atar, ya que estos se manifestarán en nuestros asuntos. "Como el hombre piensa, en su interior, así es él" y "todo lo que el hombre siembre (en la mente), eso también segará (en la manifestación)". Debemos soltar todos los pensamientos de carencia e insuficiencia en la mente y dejarlos ir, tal como Jesús ordenó que se hiciera con las vendas que ataban a Lázaro: "Desátenlo y déjenlo ir". Suelta todos los pensamientos de carencia y toma los pensamientos de abundancia. Observa la abundancia de todas las cosas buenas preparadas para ti y para todos nosotros desde la fundación del mundo. Vivimos en un mar de sustancia inagotable, lista para manifestarse cuando es moldeada por nuestro pensamiento.

Algunas personas son como los peces en el mar, que dicen: "¿Dónde está el agua?". En presencia de la abundancia espiritual claman: "¿De dónde sacaré el dinero? ¿Cómo pagaré mis cuentas? ¿Tendremos comida o ropa o lo que necesitamos?" La abundancia está aquí, en todas partes, y cuando hayas abierto los ojos del Espíritu en ti mismo, la verás y te regocijarás.

Moldeamos la sustancia omnipresente con nuestra mente y hacemos de ella todas las cosas que nuestra mente concibe. Si concebimos carencia y pobreza, moldeamos eso. Si visualizamos con una mirada abundante, moldeamos la abundancia desde la sustancia omnipresente. Tal vez no haya un paso más importante en el desarrollo espiritual que el que estamos dando aquí. Debemos aprender a soltar, a renunciar, a hacer espacio para las cosas que hemos pedido y deseado. A esto se le llama renunciación o eliminación, incluso puede parecer sacrificio para algunas personas. Se trata simplemente de renunciar y desechar las viejas ideas que nos han puesto donde estamos, y poner en su lugar nuevas ideas que prometen mejorar nuestra condición. Si las nuevas ideas no cumplen esta promesa, las desechamos por otras, confiando en que al final encontraremos las ideas adecuadas que nos aportarán lo que deseamos. Siempre queremos algo mejor de lo que tenemos. Es el impulso del progreso, del desarrollo y del crecimiento. Al igual que los niños crecen y se vuelven más grandes que su ropa, nosotros nos hacemos más grandes que nuestros ideales y anhelos, ampliando nuestro horizonte de vida a medida que avanzamos. Debe haber una constante eliminación de lo antiguo para mantenerse al ritmo de este crecimiento. Cuando nos aferramos a los viejos ideales, obstaculizamos nuestro avance o lo detenemos por completo.

Los metafísicos hablan de este trabajo de eliminación como negación. La negación suele ser lo primero. Barre los escombros y deja espacio para el nuevo inquilino que la afirmación trae a la mente. No sería prudente eliminar los viejos pensamientos a menos que supieras que hay otros más elevados y mejores para ocupar su lugar. Pero no debemos temer esto, porque conocemos la verdad divina de que Dios es la fuente de todo bien y que todas las cosas buenas pueden ser nuestras a través del amor y la gracia de Jesucristo.

Ninguno de nosotros ha alcanzado ese lugar supremo en la conciencia en el que abandona por completo al ser material y vive en el Espíritu, como lo hizo Jesús, pero tenemos un concepto de esa vida y su ejemplo que demuestra que puede alcanzarse. La alcanzaremos cuando escapemos de lo mortal. Eso no significa que debamos morir para liberarnos de la mortalidad, pues ésta no es más que un estado de conciencia. Morimos diariamente y renacemos mediante el proceso de eliminar el pensamiento de que somos materiales y sustituirlo por la verdad de que somos espirituales. Uno de los grandes descubrimientos de la ciencia moderna es que cada átomo de este supuesto universo material tiene en su interior superabundantes elementos de vida. Dios es vida y Espíritu, y él está en cada átomo. Liberamos esta cualidad de vida espiritual al negar la corteza de materialidad que rodea las células y afirmando que son Espíritu y vida. Este es el nuevo nacimiento, que se lleva a cabo primero como una concepción en la mente, seguida de una actuación en el cuerpo y en los asuntos. Todos queremos mejores condiciones económicas. Esta es la forma de obtenerlas: Niega los viejos pensamientos de falta de dinero y afirma el nuevo pensamiento de abundancia espiritual que se manifiesta en todas partes.

Cada lección de las Escrituras ilustra alguna fase de la acción mental y puede aplicarse a cada vida individual según la necesidad más apremiante en el momento de su percepción. Si no buscas la lección mental al leer la Escritura, no obtendrás más que la envoltura externa de la Verdad. Sin embargo, si tienes la comprensión adecuada de los personajes de la narración, sabiendo que ellos representan ideas en tu propia mente, puedes seguirlos en sus diversos movimientos y encontrar el camino para resolver todos los problemas de tu vida. Esto no significa que el estudio de las Escrituras resolverá por sí mismo tus problemas, a menos que llegues a la comprensión de las verdaderas Escrituras, la Biblia de las edades, el Libro de la Vida dentro de tu propia conciencia. Pero el estudio de los símbolos externos, tal como se presentan en las Escrituras, puede y debe guiarte a la comprensión de la Verdad del Ser.

En cada persona encontramos las ideas en conflicto representadas por los Hijos de Israel y los Filisteos. Se enfrentan entre sí en un conflicto que ocurre día y noche. Llamamos a estos pensamientos en conflicto Verdad y error. Cuando despertamos espiritualmente, nos ponemos del lado de la Verdad, sabiendo que los pensamientos de la Verdad son los elegidos del Señor, los Hijos de Israel. Pero los pensamientos de error a veces parecen tan reales y tan enormes que temblamos y nos encogemos de miedo en su presencia.

Sabemos que la Verdad eventualmente prevalecerá, pero aplazamos la victoria para algún momento futuro y decimos que el error es tan grande y fuerte que no podemos hacerle frente ahora, que esperaremos hasta que hayamos reunido más fuerzas. Entonces debemos quedarnos quietos y afirmar la salvación del Señor.

No todas las ideas tienen la misma importancia. Algunas son grandes y fuertes; otras son pequeñas y débiles. Hay ideas agresivas y dominantes que alardean de su poder, y con amenazas de desastre nos mantienen atemorizados para que nos sometamos a su perverso reino. Estas ideas dominantes de error tienen un argumento que siempre utilizan para impresionarnos, el del miedo a los resultados si nos atrevemos a salir y enfrentarnos a ellas en abierta oposición. Este miedo a oponerse a las ideas, incluso cuando sabemos que son erróneas, parece estar entrelazado en nuestro tejido mental. Este miedo está simbolizado por la lanza de Goliat que, como relata la historia, "era como un rodillo de telar".

¿Cuál es el pensamiento más temible en la mente de las personas hoy en día? ¿No es el poder del dinero? ¿Acaso no es Mammón tu mayor filisteo, el Goliat de tu conciencia? Es lo mismo si estás del lado de los filisteos y tienes éxito en tus finanzas, desde el punto de vista material, o si estás con los israelitas y tiemblas en tu pobreza. La aparición diaria de este gigante Goliat, el poder del dinero, es algo muy temido. Ni los filisteos ni los israelitas están en posesión de la Tierra Prometida, ninguno de los dos bandos está en paz, feliz, ni con seguridad, mientras este gigante dominante haga ostentación de su fuerza y pregone sus alardes. Esta idea errónea afirma que es más fuerte que el Señor de Israel. Hay que matarlo antes de que todos los demás pensamientos de error sean expulsados de tu conciencia y puedas entrar en la conciencia de la abundancia, la Tierra Prometida de la leche y la miel.

El mundo entero tiembla hoy ante esta gigantesca idea de error, la idea de que el dinero es el poder gobernante. Las naciones del mundo están bajo su dominio porque la gente piensa que el dinero es poder. Tanto los ricos como los pobres son esclavos de esta idea. Los reyes y los grandes de la tierra se inclinan y se doblegan ante los reyes del dinero. Esto se debe a que el individuo ha otorgado este poder al dinero mediante su pensamiento erróneo. Ha hecho el becerro de oro y ahora se postra ante él en señal de adoración. En lugar de hacerlo su servidor, lo ha llamado amo y se ha convertido en su esclavo. El dominio de este gigante loco ha sido desastroso, y su final se acerca rápidamente.

El primer paso para liberar tu mente de este gigantesco fantasma es conseguir una percepción clara de tus derechos como hijo de Dios. Tú sabes que no debes poner otros dioses o poderes delante del Dios verdadero. Sabes también que no debes estar bajo el dominio de nada arriba en los cielos ni abajo en la tierra, porque a ti se te ha dado dominio sobre todo. Nunca encontrarás un momento mejor para llegar a la comprensión de la verdad respecto a quién y qué eres y cuáles son tus derechos. Nunca hubo un momento más propicio para buscar un nuevo y mejor estado de conciencia. Si tienes miedo del jactancioso gigante filisteo, como tantos a tu alrededor, comienza a buscar la manera, como lo hizo David, de dar su "carne a las aves del cielo". Hay una manera, una forma correcta, que no puede fallar, y es tu deber encontrarla. Sigue cada paso del camino que se expone simbólica y bellamente en el capítulo diecisiete del primer libro de Samuel.

El nombre David significa "el amado del Señor", y David representa tu correcta percepción de tus privilegios como hijo de Dios. Tú no eres esclavo de nada ni de nadie en el universo. La amenaza de este Goliat, el poder del dinero, no tiene ningún terror para ti en esta conciencia. Tú tienes una clara percepción de la Verdad y la lanzas directamente al centro de su pensamiento carnal, a su frente. El peso de su escudo y su armadura no te intimidan, ya que los ves como lo que son, un espectáculo vacío y sin sentido, vulnerable en muchos puntos a las verdaderas ideas con las que estás armado.

Incluso los más vehementes defensores del poder del dinero admitirán que es un tirano y que no dejarían que gobernara su mundo si pudieran evitarlo. Al final, casi siempre destruye a sus amigos. Todo aquel que se convierte en esclavo del dinero acaba siendo aplastado por él. En el otro lado hay ejércitos enteros de personas justas, cristianos, que al igual que el ejército de Israel piensan que no se puede vencer a este gigante. Esperan refuerzos, algo más grande y más fuerte de forma física, con lo que vencer a este enemigo. Olvidan que "la batalla es de Jehová".

¿Te acobardas ante este gigante cuando sale diariamente a impresionarte con sus alardes y amenazas? No tiene por qué ser así. No tienes que seguir temiendo. Hay una pequeña idea en tu mente que puede acabar con él. Tal vez no hayas considerado esta pequeña idea de gran importancia. Tal vez la has mantenido apartada en una solitaria ladera de tu conciencia espiritual, pastoreando a las ovejas, que son tus pensamientos inocentes. Ahora deja que aparezca este David, esta percepción de tu lugar legítimo en la Mente Divina. Obtén una clara idea de dónde perteneces realmente en la creación y cuáles son tus privilegios. ¿Piensas por un momento que Dios ha ordenado que las personas no puedan escapar de la terrible servidumbre de las condiciones difíciles? Por supuesto que no. Eso sería una injusticia, y Dios es muy justo.

Es tu privilegio salir en cualquier momento y aceptar el desafío de este fanfarrón. El Señor ha estado contigo en la matanza del miedo al pecado y a la enfermedad (el oso y el león), y seguirá estando contigo en la matanza del miedo a la pobreza, que simboliza Goliat. "La batalla es de Jehová", y él está con nosotros para librarnos "de la mano de los filisteos".

Las armas del hombre del Señor no son carnales. Él no emprende la guerra a la manera del mundo. No utiliza armadura de acero o bronce —la protección del egoísmo y las armas de la opresión. Él avanza con la simplicidad de la justicia, sabiendo que su inocencia es su defensa.

Solo utiliza su honda de pastor y las piedras lisas, las palabras de la Verdad. Esta es la voluntad y las palabras de Verdad que envía. Los filisteos las desprecian y muchos se ríen de la idea de utilizar las palabras para superar las condiciones. Pero hacen su trabajo, el trabajo al que son enviadas, y la gran masa de la materialidad se derrumba ante su objetivo seguro.

Sabemos que el dinero se hizo para las personas y no las personas para el dinero. No es necesario que ninguna persona sea esclava de otra, ni que se arrastre ante ella para obtener dinero, ya que éste es sirviente de todos por igual. No estamos atados a la rueda del trabajo, del esfuerzo incesante día tras día, para apaciguar al dios Mamón en sus propios términos. Somos hijos del Dios vivo, que como Padre amoroso está aquí en medio de nosotros, donde podemos reclamarlo como nuestro soporte y nuestra fuente en las condiciones que amorosamente nos revela cuando lo hemos reconocido a él y hemos negado a Mammón. Este día Jehová ha entregado a este pedante filisteo en nuestras manos, y la victoria es nuestra. Alabado sea el Señor.

Las cinco piedras lisas elegidas por David en el arroyo representan cinco declaraciones irrefutables de la Verdad. Estas declaraciones enviadas desde una mente segura de sí misma, de su causa y de su fuerza espiritual, aplastarán la frente de Goliat, el gigante del error. Las declaraciones son las siguientes:

Yo soy el amado del Señor. Él está conmigo en todas mis palabras justas, y ellas cumplen aquello a lo que las envío.

Mi causa es justa, ya que es mi derecho Divino ser suministrado con todo lo que el Padre ha puesto a disposición de sus hijos.

Yo disuelvo en mi propia mente y en las mentes de todos los demás cualquier idea de que lo mío puede ser retenido. Lo que es mío me llega por la ley segura de Dios, y en mi clara percepción de la Verdad lo recibo con agrado.

Yo no temo a la pobreza, y no tengo obligaciones con nadie. Mi opulento Padre ha derramado sobre mí todos los recursos, y soy un poderoso canal de abundancia.

No poseo nada egoístamente, pero todas las cosas de la existencia son mías para usarlas y, en sabiduría divina, para otorgarlas a los demás.

No te mantengas en la pobreza por el miedo a la carencia y practicando una economía. Si crees que todo lo que el Padre tiene es tuyo, entonces no hay razón para escatimar. Nada ampliará tanto tu mente y tu mundo como la comprensión de que todo es tuyo. Cuando te des cuenta de lo ilimitado de tu herencia espiritual, no faltará nada en tu mundo. Mira con ojos generosos; porque "el de ojos generosos será bendito". Este pasaje establece una ley exacta, la ley del aumento.

Los líderes religiosos en el pasado han difundido la idea de que es un deber cristiano ser pobre y que la pobreza es una virtud. Esta no es en absoluto la doctrina de Jesucristo. Él aceptó plenamente, sin reservas ni calificaciones, la proposición de que Dios es nuestro recurso y que el Padre ha proporcionado todas las cosas a sus hijos. A menudo se le describe como pobre, sin un lugar donde recostar la cabeza, pero él tenía un hogar parental en Nazaret y era acogido con agrado en las casas tanto de los ricos como de los pobres de toda Palestina. Se vestía como un rabino, y su ropa era tan rica y valiosa que los soldados romanos codiciaban la túnica sin costuras que llevaba y la echaban a suertes. Encontró la abundancia en el reino de Dios, donde todo lo necesario se manifiesta, no mediante el trabajo duro, sino mediante la realización de la Verdad.

Jesús rara vez tuvo necesidad de dinero, porque fue atrás del dinero hacia la idea que representa, y trató con el dinero en el reino de las ideas. Nuestro gobierno está detrás de todos nuestros dólares de papel, de lo contrario, no tendrían ningún valor. Dios está detrás de cada símbolo material y es en Dios, y no en el símbolo, donde debemos poner nuestra fe. Él está detrás de nuestra petición de comida y vestimenta y de todo lo que podamos necesitar o desear. Jesús dice que todo lo que tenemos que hacer es pedir con fe y en su nombre, creer que recibimos y recibiremos. Y no debemos dudar en pedir mucho, porque Dios puede dar mucho con la misma facilidad que puede dar poco.

WISDOM
COLLECTION

Sabiduría de Ayer, para los Tiempos de Hoy

www.wisdomcollection.com